POLYGLOTT on tour

Seychellen

Martin und Lore
Guderjahn

Special

Seychellen auf Wellen Seite 6
Gaumenfreuden aus drei Kontinenten Seite 8
Flittern unter Palmen Seite 10

Allgemeines

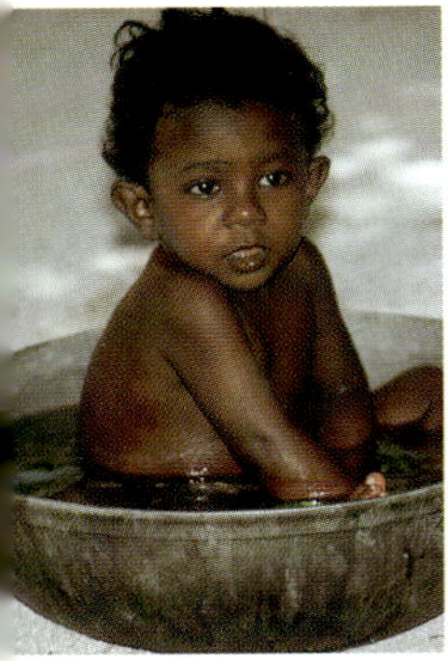

Archipel der hundert Eilande **Seite 12**
Geschichte im Überblick **Seite 25**
Kultur gestern und heute **Seite 26**
Essen und Trinken **Seite 30**
Urlaub aktiv **Seite 31**
Unterkunft **Seite 39**
Reisewege und Verkehrsmittel **Seite 40**
Infos von A–Z **Seite 96**
Mini-Dolmetscher **Seite 102**
Register **Seite 104**
Die wichtigsten Sehenswürdigkeiten **Seite 108**
Die Seychellen im Internet **Seite 108**

Inselbeschreibungen

Mahé **Seite 43**

Die Küstenstraße führt beinahe rund um die Insel, vorbei an der Hauptstadt Victoria, sandigen Buchten, durch kleine Dörfer und tropischen Urwald.

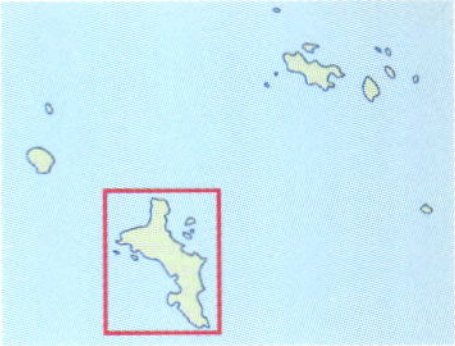

Praslin **Seite 64**

Ein Streifzug durch Praslin führt zum Vallée de Mai mit den einmaligen Seychellennusspalmen und zu den schönsten Buchten der ganzen Inselgruppe.

La Digue

Seite 76

Mit Fahrrad oder Ochsenkarren kann man hier auf Erkundungstour gehen und sich von der geruhsamen Lebensweise der Bewohner anstecken lassen.

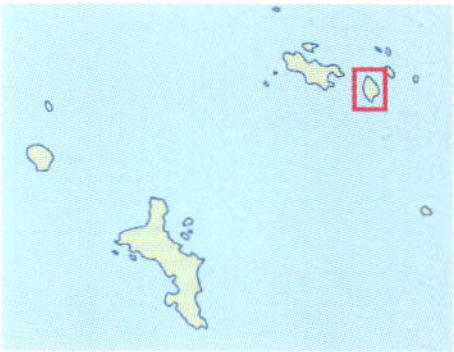

Frégate, Silhouette und North

Seite 83

Nahezu unberührte Natur und ein Hauch von Abenteuer erwarten den Besucher auf diesen drei Granitinseln.

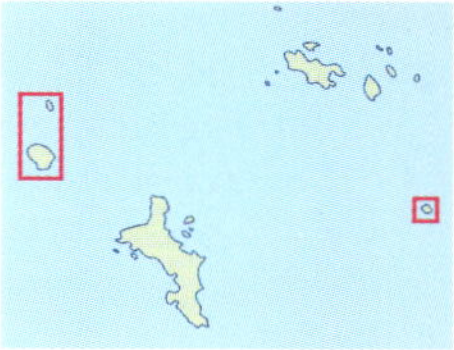

Bird, Denis, Desroches und Alphonse

Seite 89

Diese abgelegenen Koralleninseln eignen sich hervorragend zum Ausspannen. Vögel und Schildkröten leisten dabei Gesellschaft.

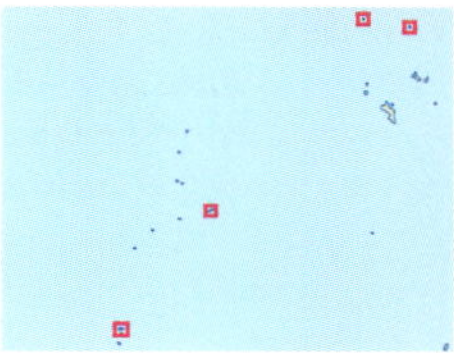

Rechts: Beau Vallon Bay, Mahé

Bildnachweis

Alle Fotos Martin und Lore Guderjahn außer A. M. Begsteiger: 21-2, 30, 77-1; Holger Erbst: 33-2, 91, 92, 95; Reiner Ertl: 2-2, 13, 16, 17-2, 65-2, 74, 77-2, 85-1, Umschlagrückseite (oben); Frégate Island/Jochen Tack: 85-2; Norbert Frick: 8, 11, 29, 33-1, 35, 36-2, 44, 69-2, 90, Umschlagrückseite (unten); Infinity Reise Consulting, München: 10, 10/11 (Fondbild); Volkmar Janicke: 23-2, 43, 47, 48-2, 52, 69-1; Gerold Jung: 9, 36-1, 40; Dorothee Kern: 19-1, 21-1, 37-1, 45, 59, 65-1, 79, 81, 88; Gabriele Kopp: 63; Sabine von Loeffelholz: 23-1; Paradise Consult, Hannover: 2-1, 6, 6/7 (Fondbild), 7; STMA: 93-1; Martin Thomas: 1, 4, 8/9 (Fondbild), 38; Titelbild: Bildagentur Huber/ R. Schmid.

Bei der Vielzahl der Seychelleninseln fällt die Entscheidung schwer, wo man seinen Urlaub verbringen möchte. Um sich gerade beim ersten Besuch einen guten Überblick zu verschaffen, bietet sich eine Kreuzfahrt an. Die Vorteile liegen auf der Hand: Man sieht eine Vielzahl von Inseln in kürzester Zeit und erlebt jeden Tag ein neues herrliches Panorama, braucht dazu aber nie die Unterkunft zu wechseln. Die Kosten bewegen sich dabei durchaus in einem vertretbaren Rahmen, verglichen mit den Unterkünften an Land (mit Vollpension) und Einzelausflügen zu den Inseln.

Tipp Buchen Sie erst eine Woche auf dem Schiff und entscheiden Sie sich dann, wo Sie den Rest des Urlaubs verbringen möchten. Außer in der Hauptsaison (Weihnachten) gibt es keine Probleme, auch kurzfristig eine Bleibe zu finden.

Seychellen auf Wellen

Kreuzfahrtprogramme

Bei einer einwöchigen Kreuzfahrt auf den gemütlichen Zwei-Mast-Toppsegelschonern »Sea Pearl« und »Sea Shell« von Silhouette Cruises, die jeweils etwa 20 Passagiere aufnehmen, werden je nach Wind und Wetter z. B. die Inseln Mahé, Praslin, La Digue, Curieuse und Cousin angesteuert – eine ideale Einführung in das Tropenparadies der Seychellen. Wer möchte, kann beim Segeln mithelfen, die Crew kümmert sich nicht nur um das leibliche Wohl. Während der Törns bleibt natürlich Zeit für Tauchgänge und Schnorchelausflüge. Es werden auch spezielle Tauchkreuzfahrten etwa mit der »SY Wikinger« durchgeführt. Mit dem ehemaligen Forschungsschiff »Indian Ocean Explorer« kann man nach den riesigen Walhaien Aussschau halten, die von Juni bis August bzw. November bis Januar an den Inneren Inseln vorbeiziehen oder zum Aldabra-Atoll mit der größten Landschildkrötenkolonie der Welt aufbrechen.

Anbieter auf den Seychellen:
- **Silhouette Cruises,** Tel. 32 40 26, Fax 32 43 65, www.seychelles.net/cruises.
- **Indian Ocean Explorer,** Tel. 43 54 45, Fax 34 42 23, www.ioexplorer.com.

in Deutschland:
- **Infinity Reise-Consulting,** Bayerstr. 95, 80335 München, Tel. 0 89/5 38 96 28, Fax 5 38 96 45, www.segelkreuzfahrt.de.
- **Paradise Consult,** Kreuzstr. 1, 30159 Hannover, Tel. 05 11/32 79 37, Fax 3 00 45 12, www.paradise-consult.de.

Jachtcharter

Erfahrene Segler können bei den Firmen VPM und Sunsail Jachten mieten – für Experten »bareboat«, für Laien komplett mit Skipper und Crew. In beiden Fällen legt man die Route selbst fest, sollte sich aber von Kennern beraten lassen. Wer nicht allein oder zu zweit eine ganze Jacht mieten möchte, erkundige sich nach Mitsegelangeboten.

Vermieter auf den Seychellen:

- **VPM Yacht Charters,** Mahé, Tel. 34 47 19, Fax 34 56 98, E-Mail: vpmsey@seychelles.net.
- **Sunsail,** Mahé, Tel./Fax 22 57 00.
- **Marine Charter** Association, Mahé, Tel. 32 21 26, Fax 22 46 79.
- **Yacht Club,** Mahé, Tel. 32 23 62.
- **Inter-Island Cruising** (Praslin), Tel. 23 34 11, Fax 23 38 80.

in Deutschland:

- **Sunsail Deutschland GmbH,** Nagelstraße 4, 70182 Stuttgart, Tel. 07 11/16 48 40, Fax 1 64 84 65.
- **KH+P yachtcharter GmbH,** Ludwigstraße 112, 70197 Stuttgart, Tel. 07 11/63 82 82, Fax 6 36 57 09.
- **Trend Sailing GmbH,** Lindenfelder Weg 30, 59063 Hamm, Tel. 0 23 81/16 33 21, Fax 16 27 18.

Preise

- **Kreuzfahrt:** 120–150 € pro Tag und Person inkl. Vollpension und Gebühren/Eintritte;
- **Indian Ocean Explorer:** ca. 200–400 € pro Tag und Person;
- **Jachtcharter, Mitsegeln:** 60–150 € pro Tag und Person inkl. Vollpension.

Tipp Segeln zwischen den Inneren Inseln ist recht ungefährlich, doch zu den Äußeren Inseln sollten sich nur erfahrene Segler hinauswagen. Echolot stets im Auge behalten und nicht blind auf Tiefenangaben in den Seekarten vertrauen – Korallenformationen ändern sich ständig!

Kreolische Küche

Genau wie die Bevölkerung der Seychellen spiegelt auch die Küche Einflüsse aus hauptsächlich drei Kontinenten wider: Europa, Afrika und Asien. Grundlage der Speisen sind natürlich Zutaten, die das Land und der Ozean in Hülle und Fülle bieten: Fisch, tropische Früchte und Gewürze aus heimischer Produktion. Dazu kommen aber auch importierte Lebensmittel wie Reis, die nicht mehr wegzudenken sind aus dem Speiseplan. Der indische Einfluss zeigt sich vor allem in den vielen Currys.

Gaumenfreuden aus drei Kontinenten

Spezialitäten der Inselküche

- *pwason sale* – gesalzener Trockenfisch
- *pwason griye* – gegrillter Fisch, mariniert in Knoblauch, Ingwer, Zwiebeln und Pfefferschoten
- *kari zourit* – kremiges Tintenfischcurry
- *lasoup tektek* – Suppe aus winzigen Muscheln (Tec-Tec), die mit Kürbis zubereitet werden
- *bouyon bred* – Spinatsuppe
- *satinis* – Chutneys aus Obst, Gemüse und Fisch

Tipp Die Originalrezeptur verlangt häufig nach einer kräftigen Würze. Wenn's dennoch zu stark auf der Zunge brennt, keinesfalls mit Wasser nachspülen, sondern mit Milch.

Rezept zum Nachkochen

Kari Pwason (Fischcurry)

Zutaten (für 2 Pers.): 500 g frischer Thunfisch, 2–3 kleine Tomaten, 1 kleine Zwiebel, 1/2 TL verdünnter Weinessig, 3 EL Öl (kein Olivenöl!), 1/4 Knoblauchzehe, 2 EL Currypulver, 1/2 TL Kurkuma, 1/2 TL gemahlener Fenchel, 1 Prise Salz, 1/2 l Wasser.

Zubereitung: Fisch und Tomaten würfeln und in eine Schüssel geben, Currypulver, Kurkuma, Essig und Salz hinzufügen und umrühren, 5 Minuten ziehen lassen, Öl im Kochtopf erwärmen, Zwiebel schneiden, Knoblauch zerdrücken und mit dem Fenchel ins heiße Öl geben, marinierten Fisch und Wasser dazugeben, 20–30 Minuten auf niedriger Hitze dünsten und mit Basmati-Reis servieren.

Kulinarische Reise

Wer nicht in einer kleinen Familienpension wohnt, wo meist einheimische Kost serviert wird, kann sich in den nachfolgenden Restaurants mit kreolischen Gerichten vertraut machen. Auch wenn die Preise relativ hoch sind, lohnt es sich, vor Ort Neues zu probieren – in Europa wird man danach suchen müssen.

Tipp Da die meisten Restaurants nur wenige Sitzplätze haben, empfiehlt sich besonders abends und an Wochenenden eine Reservierung.

- **Chez Batista,** Anse Takamaka (s. S. 57), Mahé, Tel. 36 63 00. Hier stehen Tische und Stühle einfach im Sand. Köstliche kreolische und internationale Küche. ○○○
- **Marie Antoinette,** St. Louis (s. S. 46), Mahé, Tel. 26 62 22. In dem netten Kolonialhaus auf dem Weg von Victoria nach Beau Vallon werden mittags und abends kreolische Menüs serviert. So geschl. ○○
- **La Perle Noire,** Beau Vallon (s. S. 43 f.), Mahé, Tel. 62 02 20. Das Top-Restaurant ist bekannt für seine einheimischen Fischgerichte. ○○○
- **Vye Marmit,** Craft Village, Le Cap (s. S. 54), Mahé, Tel. 37 61 55. Auf der Veranda mit Blick auf die Kunsthandwerksläden lassen sich die hervorragenden kreolischen Gerichte bestens genießen. So geschl. ○○
- **Capri,** Grand' Anse (s. S. 73 f.), Praslin, Tel. 28 38 88. Das Restaurant des Hotels Marechiaro erhielt für seine kreolische und italienische Küche schon mehrmals Auszeichnungen. ○○
- **Tante Mimi,** Anse Volbert (s. S. 69), Praslin, Tel. 232500. Schönes Restaurant in Kolonialhaus mit bekannt guter kreolischer Küche. ○○○
- **Zerof,** Anse de la Réunion (s. S. 79), La Digue, Tel. 23 44 39. Originelles Gartenlokal mit preiswerten kreolischen Gerichten. ○

Hochzeitsreisen

Hochzeiten unter tropischer Sonne liegen voll im Trend. Auf den Seychellen ist das Heiraten bei Ausländern inzwischen beliebter als bei Einheimischen: Das Standesamt registriert in der Mehrzahl Ehen zwischen Ausländern!
Vieles spricht dafür: Man hat die Freiheit, sich das Ja-Wort idyllisch am Strand oder unter Palmen zu geben und kann dem Trubel einer großen Feier entgehen. Zudem sind auf den Seychellen sowohl die Formalitäten als auch die Kosten für die Zeremonie gering, und die Ehe wird problemlos in der EU anerkannt. Für viele Paare ist das Inselparadies auch ein Traumziel für die Flitterwochen. Die meisten größeren Hotels verfügen über Honeymoon-Suiten und überraschen mit kleinen Extras, wenn man bei der Buchung angibt, dass man hier die Flitterwochen verbringt – und beim Einchecken die Heiratsurkunde vorlegt.

Tipp Brautkleider und Anzüge werden von den Fluggesellschaften in der Kabine befördert. Bei der Buchung bitte angeben!

Flittern unter Palmen

In den Hafen der Ehe

Man sollte zuerst Kontakt zum zentralen Standesamt (Civil Status Office) in Victoria, Mahé, aufnehmen (Tel. 00248/38 31 82, Fax 22 56 60, E-Mail: civilstatus@seychelles.sc) und dort den Wunschtermin angeben. Trauungen auf dem Standesamt selbst finden dienstags und donnerstags statt. Je früher man mit den Vorbereitungen beginnt, desto eher lassen sich Wunschtermine realisieren. Man ist hier recht flexibel und versucht, den Brautpaaren entgegenzukommen. Benötigt werden lediglich Reisepässe, Geburtsurkunden und Nachweise über den Familienstand (z. B. Ledigkeitsbescheinigungen, Scheidungspapiere). Fremdsprachige Dokumente müssen übersetzt (englisch oder französisch) und dann einfach vorab ans Standesamt gefaxt werden. Bei der Trauung legt man die Originale vor.

Tipp **Der richtige Zeitpunkt**
Legen Sie den Hochzeitstermin eher in die regenarme Zeit von Mai bis September, wenn zudem angenehme Temperaturen herrschen.

Wunschkulisse

Es ist wohl stimmungsvoller, die Zeremonie im Hotel statt im Standesamt zu halten. Die meisten Häuser auf Mahé, Praslin und La Digue haben geeignete Räumlichkeiten wie z. B. Pavillons am Wasser und bieten ein Rahmenprogramm nach Wunsch (Dekoration, Torte, Fotograf, Musiker). Dem Standesbeamten auf Mahé und Praslin werden die Anfahrtskosten zum Hotel erstattet. Auch wenn nicht alles ganz professionell abläuft – die besondere Atmosphäre bleibt.

Hochzeit im Paket

Einfacher, aber freilich auch teurer ist es, alle Formalitäten an einen spezialisierten Reiseveranstalter abzugeben. Auf diese Art lassen sich auch ausgefallenere Wünsche realisieren, z. B. Trauungen auf kleineren, entlegeneren Inseln oder auf Schiffen.

Aber bitte mit Segen

In der Regel wird standesamtlich geheiratet, doch auch kirchliche Trauungen sind möglich. Hierzu sollte man schon in der Heimat einen Vertreter seiner Glaubensgemeinschaft konsultieren.

Spezialveranstalter:

- **Infinity Reise-Consulting,** Bayerstraße 95, 80335 München, Tel. 0 89/5 38 96 28, Fax 5 38 96 45, www.world-wide-weddings.de.
- **Honeymoon Highlights,** Koblenzer Straße 55, 57614 Fluterschen, Tel. 0 26 81/98 95 27, Fax 98 95 28, www.honeymoon-highlights.de.

Tipp Zur Vorlage bei den Heimatbehörden muss man nach der Rückkehr eine beglaubigte Übersetzung der Heiratsurkunde anfertigen lassen.

Archipel der hundert Eilande

Innere Inseln (Inner Islands)

Die gut 4° südlich des Äquators liegenden Inneren Inseln bilden das nordöstliche Ende der Seychellen. Sie sind aus 650 Millionen Jahre altem Granit aufgebaut, was eine Rarität darstellt und ihre Entstehung erklärt, denn dieses Urgestein findet sich sonst nur auf Kontinenten. Nach der Verschiebungstheorie von Alfred Wegener trennte sich der Indische Kontinent vor über 100 Millionen Jahren von der afrikanischen Scholle und driftete nach Nordosten ab. Unterwegs lösten sich Teile ab, u. a. die späteren Seychellen, und blieben 1600 km vor der afrikanischen Küste im Indischen Ozean zurück.

Die Inneren Inseln erheben sich von einem Unterwassersockel, der kaum mehr als 30 m unter dem Meer liegt. Es ist zu vermuten, dass dieser während der letzten Eiszeit, als der Wasserspiegel etliche Meter unter dem heutigen lag, eine zusammenhängende Insel bildete, die in der Größe mit Sri Lanka zu vergleichen war. Die Inneren Inseln wären demnach nur noch die Bergspitzen dieses verschwundenen Landes. Wie die Überbleibsel einer untergegangenen Landschaft wirken sie auch, was besonders beim Anflug auf die Seychellen ins Auge fällt. Die vorgelagerten Korallenriffe und Lagunen sind erst in geologisch jüngerer Zeit entstanden.

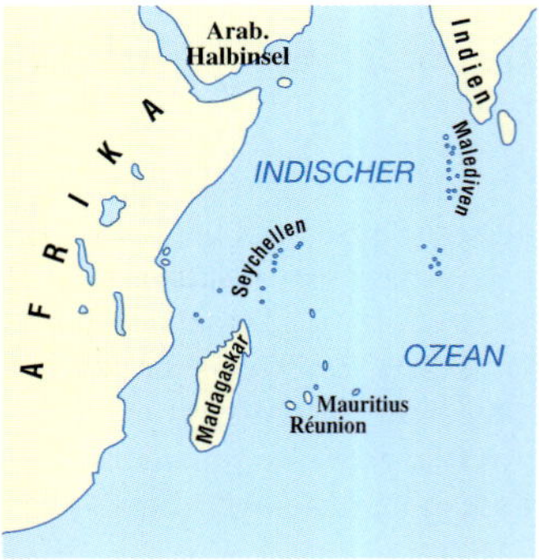

Zu den Inneren Insel zählen: **Mahé** (154 km²), **Praslin** (38 km²), **Silhouette** (20 km²), **La Digue** (10 km²), **Curieuse** (3 km²), **Frégate** (2 km²), **North** (2 km²), **Aride** (0,7 km²), um nur die größten und wichtigsten zu nennen; insgesamt sind es etwa vierzig.

Die ausreichend mit Niederschlag versorgten Eilande besitzen alle eine dichte Vegetation, meistens tropischen Wald, der von Kokosplantagen und kleinen landwirtschaftlichen Flächen unterbrochen wird. Überall, wo Bäche ins Meer münden, sind größere und kleinere Sandbuchten entstanden, die sich malerisch zwischen die Granitfelsen schmiegen. Zu den Inneren Inseln werden wegen ihrer Lage auch **Bird** und **Denis Island**

Aldabra bis Bird Island

1200 km, etwa die Entfernung Hamburg–Mailand, trennen das Aldabra-Atoll und die kleine Insel Bird. Zwischen diesen beiden Endpunkten verteilen sich die 115 Inseln der Seychellen, die zusammen nicht viel mehr Fläche (455 km²) einnehmen als eine größere Stadt wie z. B. Bremen. Zwei Gruppen sind zu unterscheiden, die in ihrer geologischen Entstehung und wirtschaftlichen Bedeutung markant voneinander abweichen: die Inneren und die Äußeren Inseln.

Schroff ragt die Insel Silhouette aus dem Indischen Ozean auf

gerechnet, auch wenn sie, wie alle Äußeren Inseln, aus Korallensand bestehen.

Äußere Inseln (Outer Islands)

Die Äußeren oder abgelegenen Inseln schließen sich wie der Schweif eines Kometen in südwestlicher Richtung an den Kern um Mahé an. Sie entstanden erst in geologisch jüngerer Zeit und bestehen aus dem Kalk abgestorbener Korallen. Die meisten sind nichts weiter als von Wind und Wellen zusammengefegte Sandhaufen, die nur wenige Meter über den Meeresspiegel ragen.

Zu Beginn des 20. Jahrhunderts, als die Kopragewinnung noch eine Hauptrolle in der Wirtschaft spielte, wurden sie mit Kokospalmen bepflanzt. Mehrmals im Jahr machten Schoner die Runde, um die Kopraernte abzuholen. Inzwischen sind die Plantagen weitgehend wegen Unrentabilität aufgegeben worden. Bei der staatlichen, für die Inseln zuständigen Island Development Company macht man sich inzwischen Gedanken über eine anderweitige Nutzung. Da wurden Ölprobebohrungen durchgeführt, andere Wirtschaftszweige (Garnelenzucht) ausprobiert und natürlich auch Pläne für eine touristische Erschließung gewälzt, aber bisher ist nichts Durchgreifendes geschehen. So schlummern die Äußeren Inseln, zum Teil verlassen oder nur von einer Handvoll Leuten bewohnt, vor sich hin. Siebzig Eilande sind es insgesamt.

Die folgende Aufzählung gibt einen groben Überblick: **Plate** (140 km südlich von Mahé), die **Amiranten** (Gruppe von zwei Dutzend Inseln, ca. 230 km südwestlich von Mahé, Hauptinsel ist **Desroches**), **Coëtivy** (280 km südlich von Mahé, Landepiste, Landwirtschaft, Garnelen- und Langustenzucht), **Alphonse** (3 Inseln, 410 km südwestlich von Mahé, Landepiste), **Providence** (Atoll, 3 Inseln, 720 km südwestlich von Mahé), **Farquhar** (Atoll mit 9 Inseln; umschließt eine weite Lagune, 760 km südwestlich von Mahé, südlichster Punkt der Seychellen), **Astove** (1050 km südwestlich von Mahé), **Cosmoledo** (Atoll mit 11 Inseln, 1050 km südwestlich von Mahé), **Assumption**

(1160 km südwestlich von Mahé, Landepiste), **Aldabra** (1160 km südwestlich von Mahé).

Monsun und Tropensonne

Die Seychellen liegen im Einflussbereich der Monsunwinde, die dem Tropenland ein relativ angenehmes Klima bescheren. Von Mai bis September wehen sie aus Südosten, von Dezember bis März aus Nordwesten. Während der Umschlagzeiten im April und Oktober/November herrscht dagegen oft totale Windstille. Dann kann das Klima sehr drückend werden, zumal die Luftfeuchtigkeit nie unter 80 % fällt, eine Situation, in der man eine Klimaanlage im Schlafzimmer besonders schätzt. Die Umschlagperiode lässt sich nie genau vorhersagen, so kann der Frühling einmal einen Monat später eintreffen oder auch zwei Monate lang dauern.

Wesentlich angenehmer ist die Zeit zwischen Dezember und März, wenn die meisten Europäer auf der Flucht vor dem Winter Urlaub auf den Seychellen machen – mit Ausnahme der Tage, an denen der Nordwestmonsun einschläft. Außerdem gilt diese Periode als Regenzeit, die besonders auf Mahé im Stau der Berge zu heftigen, allerdings meist kurzen Schauern führt.

Die eher regenarme Zeit von Mai bis Anfang Oktober bietet zweifellos das beste Klima. Kräftig und stetig weht der Südostmonsun Tag und Nacht und hält die Temperaturen auf einem angenehmen Niveau. Während dieser Jahreszeit kommen Segler und Windsurfer voll auf ihre Kosten. Es herrscht allerdings meistens bewegter Seegang, was für die Taucher Beschränkungen in der Wahl ihrer Tauchspots bedeutet und auch den Hochseeanglern Schwierigkeiten bereitet. Außerdem führen dann manche Strände eine hohe Brandung, so dass man nicht im Meer schwimmen kann (siehe S. 31). Die Wassertemperatur beträgt das ganze Jahre über ca. 26 °C.

Die Seychellen sind nie direkt von Zyklonen betroffen. Höchstens Ausläufer machen sich ab und an durch Regen und Wind bemerkbar (Dez. bis Febr.). Am Äquator haben Tag und Nacht das ganze Jahr hindurch praktisch die gleiche Länge von je 12 Stunden, Sonnenauf- und -untergang (ca. 6 bzw. 18 Uhr) spielen sich in kurzer Zeit ab.

Klima und Reisezeit

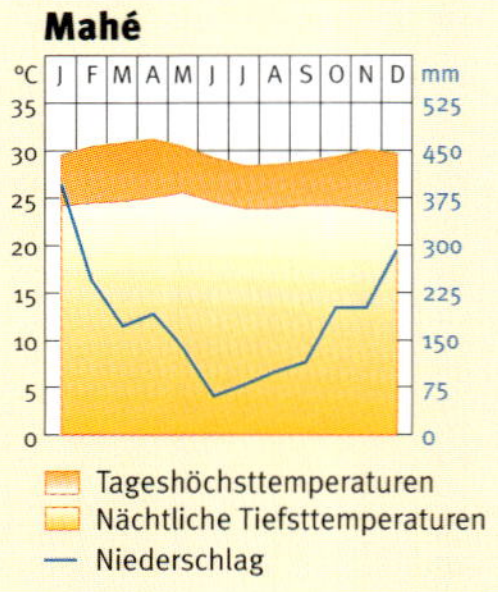

Raritätenkabinett der Natur

Auf den von der übrigen Welt isolierten, bis ins 18. Jahrhundert unbewohnten Seychellen hat die Natur nicht nur kuriose Pflanzenarten hervorgebracht, die sonst nirgendwo auf der Welt vorkommen. Sie hat auch aufbewahrt, was auf den Kontinenten im harten Konkurrenzkampf der Evolution längst untergegangen ist, wie die Riesenlandschildkröten, die schon zur Zeit der Dinosaurier die Erde bevölkerten und fast das gleiche Schicksal wie diese erlitten. Einige retteten sich auf die Seychellen- (oder auf die Galápagos-)Inseln, und so entging diese Art dem Aussterben. Wie deplatzierte Wesen aus grauer Vorzeit wirken die Schildkröten in ihrer jetzigen Umgebung.

Einmalige Vogelarten

Vor der Besiedlung hatten mit der Ausnahme von Fledermäusen keine Säugetiere ihren Weg auf die Seychellen gefunden. Umso zahlreicher traten Vögel auf, die auf den Inseln keine natürlichen Feinde kannten. »Sie

***Aldabra – Heimat der Riesenlandschildkröten

Das 34 km lange und 15 km breite Aldabra-Atoll besteht aus vier Inseln, die eine etwa 155 km² große Lagune umschließen. Aus bisher nicht völlig geklärten Ursachen wurde der Atoll-Ring vor 100 000 Jahren einige Meter über die Wasseroberfläche gehoben. Er besteht aus nacktem, von Wind und Wasser verwittertem Kalkfelsen, auf dem Vegetation nur spärlich Fuß fassen konnte. Siedlern bot dieses entlegene und unwirtliche Stück Land wenig Reiz, weshalb sich in der Vergangenheit auch kaum jemand hierher verirrte.

Damit konnte sich nicht nur ein einmaliges, weitgehend unversehrtes Biotop bis in unsere Zeit hinüberretten, sondern auch die größte auf Erden vorkommende Kolonie wild lebender Riesenlandschildkröten. Man schätzt ihre Zahl auf 150 000. Wegen der dürftigen Vegetation führen sie ein zwar kümmerliches, dafür aber sicheres, ungestörtes Leben. Ihre Verwandten zu Wasser, die Karett- und Suppenschildkröten, besuchen die von Menschen ungestörten Strände zur Eiablage.

Auch zahllose Fregattvögel und Tölpel schätzen die Insel als ruhigen Nistplatz, ebenso wie Reiher, Flamingos, Ibisse und Seeschwalben. Für die endemischen, also nur hier vorkommenden Weißkehlrallen und Aldabradrongos interessieren sich vor allem Ornithologen.

1971 erklärte die britische Royal Society Aldabra zum Naturschutzgebiet und errichtete auf dem westlichen Atollrand eine Forschungsstation, die 1981 von der Seychelles Islands Foundation übernommen wurde. Eine kleine Mannschaft betreut die Station, in der den Naturwissenschaftlern Unterkünfte und Labors zur Verfügung stehen. 1982 nahm die UNESCO Aldabra in die Liste des Weltnaturerbes auf.

Es ist geplant, Aldabra auch Touristen zugänglich zu machen. Auf der 45 km entfernten Nachbarinsel Assumption wurde bereits eine Landepiste gebaut und der Grundstock für ein kleines Hotel gelegt, aber noch ist das Vorhaben nicht so recht in Gang gekommen. So kann man Aldabra als Tourist bisher nur mit einer Charterjacht besuchen oder im Rahmen eines Kreuzfahrtprogrammes, bei dem ein Stopp vor der Insel eingeplant ist. Für Aldabra sind besondere Einreiseformalitäten erforderlich.

Madagaskarweber sieht man überall, wo es etwas zu aufzupicken gibt

Die Feenseeschwalbe mit ihren typischen schwarzen Knopfaugen

waren so zutraulich, dass wir sie mit Stöcken von den Zweigen schlagen konnten«, berichteten die ersten Entdecker. Bei diesem Vorgehen nimmt es nicht wunder, dass einmalige, nur hier vorkommende Vogelarten entweder ganz ausgestorben sind oder nur noch in verschwindend kleinen Restbeständen existieren und damit zu den seltensten Tierarten der Welt gehören.

Der Wasapapagei *(black parrot)* im Vallée de Mai auf Praslin gehört ebenso dazu wie der Paradiesfliegenschnäpper *(paradise flycatcher)* auf La Digue oder die auf ihren Flügeln weiß getupfte Schamadrossel *(magpie robin)* von Frégate.

Die Vögel, die der Urlauber dagegen häufig zu sehen bekommt, gehören zu den eingeführten Arten. Die Madagaskarweber schwirren überall dort umher, wo es etwas aufzupicken gibt. Während das Weibchen einem Sperling ähnelt, zeigt das Männchen in der Balzzeit eine knallrote Brust.

Absolut keine Scheu vor Menschen hat das eifrige, immer nach Brotkrumen suchende Sperbertäubchen *(barred ground dove)*. Auch der lärmende, ursprünglich aus Indien stammende Hirtenstar *(common mynah)* ist meistens nicht weit. Er besitzt ein schwarzes Federkleid, hat weiß gefleckte Flügel, einen gelben Augenrand und Schnabel.

Fliegende Hunde *(flying foxes)* erinnern mit ihren rostrot behaarten Köpfen an kleine Füchse. Am liebsten fressen sie Mangos.

Turtelnde Seevögel

Zahlreiche Seevögel leben auf den Inseln. Die schönsten unter ihnen sind

Fliegende Hunde

Flying foxes (Fliegende Hunde) werden sehr treffend die großen Fledermäuse genannt, denn ihre rostrot behaarten Köpfe erinnern an kleine Füchse. Wenn sie mit ihren fast einen Meter weiten Flügeln durch den Abendhimmel flattern, wirken sie wie kleine Vampire, aber sie interessieren sich nur für Früchte.
Am liebsten mögen sie Mangos, nicht gerade zur Freude der Baumbesitzer. Diese revanchieren sich, indem sie die Flattermänner in Netzen fangen und in den Kochtopf stecken. Fliegender Hund *(sov souri)* in Weinsoße oder als Curry ist hier eine Spezialität.

Am Tag ruhen sich die Fliegenden Hunde im Hängen aus

die schneeweißen Feenseeschwalben *(fairy terns)* mit ihren schwarzen Knopfaugen. Wie sie den ganzen Tag über miteinander turteln, kann man am besten auf den kleinen Inseln Bird, Denis und Frégate beobachten. Feenseeschwalben bauen kein Nest. Das Weibchen legt sein Ei einfach auf eine Astgabel, wo es es frei balancierend ausbrütet. Richtige Nester in Erdhöhlen unter Wurzeln oder in Felsen bauen dagegen die Tropikvögel. Wie weiße Kometen gleiten sie mit ihrem fast meterlangen Schwanz hoch über den Baumwipfeln dahin.

Nur auf Aldabra brüten die mächtigen Fregattvögel, welche aber häufig den nördlichen Inseln einen Besuch abstatten. Die geschickten Segler erkennt man an ihrem schwarzen Federkleid mit dem weißen Brustfleck und dem gegabelten Schwanz.

Die Insel Bird (die Vogelinsel) haben sich die Rußseeschwalben *(sooty terns)* zum Brüten ausgesucht. Eine knappe Million fliegen jedes Jahr zwischen Mai und Oktober ein. Die schwarz-weißen Bewohner der hohen

Auffallend sind die federartigen Flossen des Rotfeuerfischs

See legen ihre Eier einfach in den Sand und brüten sie dort aus. Wenn die Rußseeschwalben auffliegen, bilden ihre Körper eine dichte Wolke und ihr Kreischen einen ohrenbetäubenden Lärm.

Unterwasserwelt in Gefahr

Der Meeresgrund um die Seychellen ist überall mit Korallen bedeckt. Zu undurchdringlichen Dickichten sind die weit verzweigten Spitzen der Hornkoralle zusammengewachsen, flache Platten mit einem Fuß bildet die Tischkoralle, und die kugelförmigen Gebilde der Hirnkoralle sehen aus wie riesige, auf den Meeresboden gesunkene Köpfe ohne Schädeldecke. Neuere Forschungen haben ergeben, dass Korallen keine Wassertemperaturen über 29 °C vertragen. 1998 registrierte man im Indischen Ozean erheblich höhere Werte und als Folge nachhaltige Schädigungen: ausgebleichte, d.h. abgestorbene Korallenstöcke sind inzwischen keine Seltenheit mehr. Auf den Seychellen begegnet man diesem Problem mit der Verankerung von Kunstriffen, auf denen Korallen angepflanzt werden.

Farbenprächtige Fische

Bisher geben die Korallen einer Unzahl bunter Fische Schutz und Wohnung. An Farbenpracht übertrifft sie alle der blau-orangefarbene Kaiserfisch mit den schwarz-weiß-gelben Streifen. Vornehm und ohne Hast zieht sich der in dezentes Grau gewandete Doktorfisch zurück, der seinen Namen wegen der skalpellartigen Fortsätze an seiner Schwanzwurzel erhielt. Mit ihren spitzen Mäulern picken die zitronengelben Pinzettfische in Ritzen und Löchern nach Nahrung. Rastlos tätig ist der blaugrüne Papageienfisch. Während er mit seinem schnabelartigen Gebiss die Korallen benagt, gibt er den unverdaulichen Rest rückwärts wieder ab, eine Auspufffahne hinter sich herziehend.

Scheinbar untätig und aufgeputzt wie eine Diva verharrt in Nischen und Höhlen der Rotfeuerfisch. Seine enormen Flossen umwallen ihn wie eine Federboa. Sie zu berühren, bedeutet Lebensgefahr; das Gift seiner verborgenen Stacheln kann selbst Menschen töten. Ebenfalls in trügerischer Ruhe auf Korallenbänken herumliegen sieht man den rot gepunkteten Pfauenaugenbarsch. Wehe dem unachtsamen Fischchen, das in seinen Aktionsbereich gerät! Blitzschnell kann der Pfauenaugenbarsch vorpreschen und zuschnappen. Eine ähnliche Taktik verfolgt der raffinierte, spindeldürre Trompetenfisch. Er stellt sich entweder senkrecht zwischen Wasserpflanzen auf, um wie ein harmloser Stängel unter vielen anderen zu wirken, oder er schmiegt sich derart eng an den gutmütigen Papageienfisch, dass er als dessen Rückenflosse gelten könnte.

Eine andere Gefahr droht kleinen Fischen von der Seeanemone. Mit blassgelben Nesselfingern versucht sie, nach ihnen zu greifen. Machtlos ist sie nur gegen die putzigen Clownfische und die schwarz-weißen Preußenfische, welche – ohne Schaden zu nehmen – bei Gefahr zwischen den Nesselfingern entkommen. Als Barbiere des Korallenriffs sind die schlanken, unscheinbaren Putzerfische tätig. An ihrem Stammplatz erhalten sie fortwährend Besuch größerer Artgenossen, die sich nicht nur gerne von ihren scharfen Zähnen die Schmarotzer aus der Haut rasieren lassen, sondern sogar zur Reinigungsarbeit ihr geöffnetes Maul darbieten.

Jede Wohngemeinschaft des Korallenriffs bleibt in der Nähe ihres angestammten Reviers. Notfalls ist bei drohenden Gefahren schnell das rettende Schlupfloch erreichbar. Da patrouillieren mächtige Stachelmakrelen in Dreiergruppen die Riffkante ab, kräftige Barsche stehen lauernd an der Riff-öffnung, und der Weißspitzenhai zieht erwartungsvoll seine Runden.

Besonders für Taucher und Schnorchler empfiehlt sich das Fischbestimmungsbuch **Farbatlas Meeresfauna** von Helmut Göthel, Verlag Ulmer.

Endemische Pflanzen

Wie in der Tierwelt hinterließen die französischen Kolonisatoren auch in der Pflanzenwelt ihre Spuren. Die ehemals prächtigen, aus uralten, nur hier vorkommenden Bäumen bestehenden Wälder wurden abgeholzt und nach Europa verkauft. Endemische Arten wie Rotholz *(bwa rouz)*, Eisenholz *(bwa fer)* oder der Zopfbaum *(bwa nat)* wachsen nur noch in einzelnen Exemplaren an unzugänglichen Stellen. Nicht angetastet wurde glücklicherweise die größte Rarität, der Bestand an Seychellennusspalmen auf Praslin und Curieuse (siehe rechts und S. 64 ff.).

Viele weitere endemische Pflanzen sind auf den Seychellen zu finden – manche von ihnen weder auffallend noch besonders attraktiv – für die sich vor allem Botaniker interessieren.

Eine Auswahl aus dem großen Angebot an tropischen Früchten

Kannenpflanzen gedeihen nur auf Höhen über 500 m

Zwei Rankengewächse dagegen werden auch den Touristen erfreuen, sofern er sich auf die Suche nach ihnen begibt. Das eine ist die endemische (wilde) Vanille, die keine Blätter besitzt, sondern nur aus dicken, fleischigen Stängeln besteht, aus denen eine der schönsten Wildblüten der Seychellen wächst. Sie bildet einen kelchförmigen, cremefarbenen Stern, der zum Stiel hin in ein zartes Lachsrot übergeht. Dieses Orchideengewächs gedeiht häufig auf kahlen Felsflächen. Im Gegensatz zur echten, aus Mexiko stammenden Vanille (s. S. 78) sind die Früchte der endemischen Vanille ungenießbar.

Das andere bemerkenswerte Rankengewächs ist die Fleisch verdauende Kannenpflanze *(pitcher plant)*, wel-

Die Seychellennusspalme

Nur auf Praslin (s. S. 64 ff.) und ihrer vorgelagerten Insel Curieuse wächst die Seychellennusspalme (auch Coco-de-Mer-Palme genannt) in natürlicher Verbreitung. Einzelne Bäume auf anderen Inseln sind von Menschen dorthin verpflanzt worden. Dieser einzigartige Baum ist zweigeschlechtlich, das heißt, es gibt männliche Bäume mit bis zu zwei Meter langen Blütenständen und weibliche, auf denen eine Doppelnuss heranwächst, deren Form einem weiblichen Becken ähnelt.

Die Nuss braucht ca. sechs Jahre zur Reife und ist dann mit einem Gewicht von etwa zwanzig Kilogramm der größte und schwerste auf Erden vorkommende Samen, der weder im Wasser schwimmen noch an Land durch irgendwelche Lebewesen weiter verbreitet werden kann. Mit ihrer wenig rationellen Fortpflanzungsmöglichkeit hätten sich diese Palmen auf dem Festland nicht durchsetzen können, nur auf den Inseln fanden sie eine Nische zum Überleben.

In ihrem Gigantismus passen sie gut zu Riesenlandschildkröten und Dinosauriern. Wahrscheinlich lagen ihre Ursprünge auch in jener Zeit, und ihre Vorfahren wuchsen bereits auf der Erdscholle der Seychellen, als diese sich vor einhundert Millionen Jahren vom afrikanischen Kontinent löste.

che auf Höhen über fünfhundert Metern gedeiht und deshalb nur auf Mahé und Silhouette vorkommt. Ihre Blattenden sind zu schnapsglasgroßen Bechern ausgeformt. Ihr Deckel dient nicht, wie zu vermuten, zum Fliegenfang, sondern als Regenschutz für den klebrigen Saft am Grund des Bechers, der die Insekten festhält und anschließend zersetzt.

Nutz- und Fruchtpflanzen

Die meisten tropischen Nutz- und Fruchtpflanzen gedeihen auf den Seychellen: Ananas, Bananen, Avocados, Auberginen, Mangos, Papayas, Passionsfrucht, Jamalak, Brot- und Jackfrüchte, Kürbisse, Cashewnüsse, Tee, Zitronengras, Gewürznelken sowie Zuckerrohr, aus dem der einheimische Schnaps Bacca gebraut wird.

Wer sich für den Anbau und die Verwendung tropischer Früchte interessiert, findet in dem Buch **Tropische Früchte,** BLV Verlag, von Bernd Nowak und Bettina Schutz viele Informationen.

Zimtsträucher und Banyanbäume

Einen Großteil der Anbaufläche nehmen Kokosplantagen ein, denn Kopra war einst der Hauptexportartikel. Heute sind die meisten wegen mangelnder Rendite aufgegeben. Fast überall hat sich der importierte Zimt (s. S. 22) verbreitet. Die Sträucher haben eine helle Rinde sowie glänzende, glatte Blätter, die beim Zerreiben den typischen Zimtduft verströmen. Aus der Rinde gewinnt man die Zimtstangen, aus den Blättern Öl.

In den Wäldern fallen von den importierten Hölzern vor allem die Albizia auf, erkennbar an ihrem mächtigen, schirmartigen Blätterdach und dem weißgrauen Stamm, die Drachenblutbäume mit ihren großen, kantigen Brettwurzeln sowie die Banyanbäume, welche ihre zahlreichen Luftwurzeln zur Erde herniederlassen. Banyanbäume beginnen ihr Leben als Parasiten. Vögel verbreiten den Samen auf andere Bäume, wo er Wurzeln schlägt und mit der Zeit die Wirtspflanze erdrückt.

Naturschutz

Dass die Natur ein unwiederbringliches Kapital der Seychellen ist, hat die Regierung erkannt und Maßnahmen zu deren Schutz ergriffen. Stolz weist man darauf hin, dass fast die Hälfte des Landes unter Naturschutz steht. Den größten Teil davon nimmt allein Aldabra ein, außerdem gehören unter anderem die Inseln Aride, Curieuse, Cousin sowie die Waldgebiete um den Morne Seychellois auf Mahé und das Vallée de Mai auf Praslin dazu. Auch Unterwassergebiete sind geschützt, zum Beispiel das des Sainte Anne Marine National Park vor Mahé oder das der Meerenge zwischen Praslin und Curieuse.

Natürlich stehen alle seltenen Tier- und Pflanzenarten unter Schutz sowie alle Bäume im Bereich eines Bachlaufes. Nicht erlaubt sind das Abbrechen von Korallen sowie das Sammeln von Muscheln und Schnecken. Überall bittet man auf Hinweisschildern, keinen Abfall zu hinterlassen. Diese Maßnahmen, zusammen mit einem bisher relativ sanften Tourismus, lassen hoffen, dass die Einmaligkeit der Landschaft der Seychellen noch lange bewahrt bleibt.

Bevölkerung

Die Seychellen zählen 81 000 Einwohner, 90 % davon leben allein auf Mahé. Das jährliche Bevölkerungs-

Für die katholischen Seychellois gehört die Kommunion zu den wichtigsten Festen

wachstum bewegt sich bei durchschnittlich 0,7 %. Die Seselwa, wie sie sich selbst nennen, stammen von französischen Kolonisten und ihren afrikanischen Sklaven ab, welche gegen Ende des 18. Jahrhunderts die damals unbewohnten Inseln besiedelten. Im Laufe der Zeit haben sie sich miteinander vermischt, und so findet man keine ausgesprochenen Schwarzen mehr.

Auffallend ist das häufige Auftreten von blauen oder relativ hellen Augen, vielleicht ein Hinweis darauf, dass die französischen Siedler vorwiegend von der nördlichen Atlantikküste stammten. Obwohl später noch Briten sowie Inder und Chinesen einwanderten, blieb die Gesellschaft französisch geprägt. Über 90 % der Seychellois gehören der katholischen Kirche an.

Ein Eheleben mit Trauschein ist bei den Seychellois nicht unbedingt die Regel, was vor allem an den Männern liegt, die sich gern vor Familienpflichten drücken. So haben viele Frauen uneheliche Kinder, die gewöhnlich bei der Großmutter aufwachsen oder von älteren Geschwistern betreut werden, während die Mutter zur Arbeit geht. Solche Verhältnisse gelten nicht als ehrenrührig und sind beinahe schon selbstverständlich.

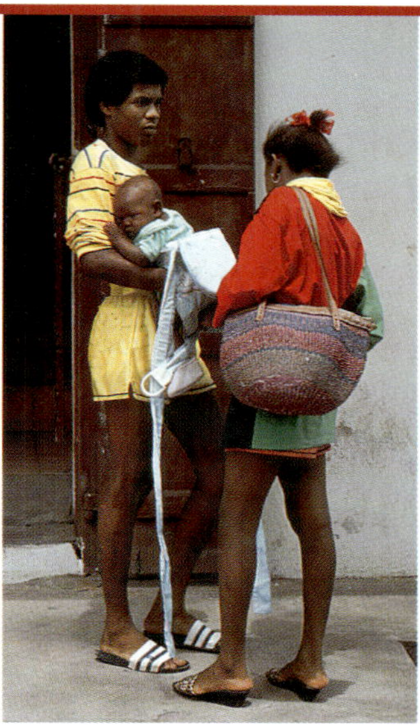

Für alle Kinder zwischen sechs und sechzehn Jahren besteht Schulpflicht. Die weiterführende Polytechnische Schule, zu der auch die Hotelfachschule gehört, dient der Berufsausbildung und der Erlangung der Hochschulreife. Ein Universitätsbesuch ist nur im Ausland möglich.

Ende des zweiten Jahrtausends ist ein gewisser Wohlstand auf den Inseln eingezogen. Das täuscht jedoch nicht darüber hinweg, dass viele Seychellois noch immer in ärmlichen Verhältnissen leben. Fremden gegenüber üben sie eher Zurückhaltung, aber wenn diese den ersten Schritt tun, ist das Eis schnell gebrochen.

Sprache

Die Muttersprache der Seychellois ist eine Kreolsprache. Sie entwickelte sich aus dem Kauderwelsch, in dem die französischen Kolonialherren und ihre aus verschiedenen Teilen Afrikas stammenden Sklaven miteinander zu kommunizieren versuchten. Der Wortschatz enthält afrikanische, hauptsächlich aber französische Ausdrücke, die zum Teil inzwischen so verändert wurden, dass selbst Franzosen Schwierigkeiten haben, die Sprache zu verstehen.

Nach der Unabhängigkeit von der britischen Kolonialherrschaft musste der neue Staat eine Nationalsprache festlegen. Um es allen recht zu machen, bestimmte man gleich drei: Englisch aus praktischen Gründen, Französisch aus Tradition und Kreol Seselwa, um die nationale Eigenständigkeit zu betonen. Damit war man gezwungen, das bisher nur gesprochene Kreol in eine Schriftform zu bringen. Diese Form ist jetzt offiziell abgesegnet und wird in der Grundschule gelehrt. Sie erscheint inzwischen auch auf Briefmarken, Geldscheinen und Hinweisschildern sowie in Zeitungen und Büchern.

Von der Grammatik her ist Kreol schnell zu begreifen, denn alles, was sonst beim Lernen von Fremdsprachen Schwierigkeiten bereitet, entfällt weitgehend oder ist durch einfache Regeln ersetzt. So existieren die Ver-

Wie der Zimt auf die Seychellen kam

Gewürze galten einst als Kostbarkeit. So wurden die großen Forschungsreisen zu Beginn des 16. Jahrhunderts hauptsächlich unternommen, um die Herkunftsländer von Zimt und Pfeffer, Muskat und Nelken zu suchen – und schließlich in Indien, Ceylon und den Molukken zu finden. Alle diese Gebiete gingen allmählich in den Besitz der geschäftstüchtigen Niederländer über, die sich damit bis ins 18. Jahrhundert ein Monopol in dieser Branche sicherten. Sie verhängten sogar die Todesstrafe über jene, die es wagten, Gewürzpflanzen außer Landes zu schmuggeln.

Gewürze für teures Geld bei ihren Nachbarn kaufen zu müssen, war vor allem den Franzosen ein Dorn im Auge. Deshalb beschlossen sie, diese in ihren eigenen Kolonien zu züchten und den Grundstock dafür auf illegalem Weg aus den Gebieten der ungeliebten Geschäftspartner zu beschaffen. Die französische Krone beauftragte damit den Intendanten ihrer Besitzungen im Indischen Ozean, der allein schon wegen seines Namens Poivre (Pfeffer) für diese Aufgabe wie geschaffen schien. Tatsächlich gelang es Pierre Poivre, die gewünschten Setzlinge aufzutreiben und sie 1772 auf Mauritius, auf La Réunion und den Seychellen anzupflanzen. Auf Mahé ließ er dazu an der Anse Royale den so genannten Königlichen Garten anlegen mit je einer Parzelle für Muskat, Gewürznelken, Pfeffer und Zimt. Leider gediehen die Pflanzen nicht wie geplant. Lediglich dem Zimt gefiel es auf der Insel so gut, dass er sich in kurzer Zeit schon wild verbreitet hatte. Man findet den unscheinbaren, hellen Strauch, aus dessen Rinde das Gewürz gewonnen wird, überall in den Wäldern. Trug bis zu Beginn des letzten Jahrhunderts die Zimtherstellung noch wesentlich zur Wirtschaft des Landes bei, ist sie wegen mangelnder Rentabilität inzwischen in den Hintergrund gerückt.

Auf La Digue kann man bei der Kopraproduktion zuschauen

ben meistens nur in der Grundform, die durch Voranstellen der persönlichen Fürwörter mon (ich), ou (du), i (er) usw. konjugiert werden, z. B.: *Mon pa koz kreol* = Ich spreche nicht Kreol. *Kimanyer ou apele?* = Wie heißt du? *Keler bis i ale?* = Wann fährt der Bus?

Um die Zukunft zu bestimmen, setzt man lediglich ein *pou* vor das Verb: *Lapli pou tombe* = Es wird regnen. Die Vergangenheit wird durch ein *ti* vor dem Verb zum Ausdruck gebracht. So fangen auf den Seychellen viele Märchen mit dem Satz an: *Ti annan en wa en Soungoula* ... = Es war einmal ein Soungoula ...

Wirtschaft

Von Anfang an sind die Seychellen kein reiches Land gewesen. In den ersten Jahren ihrer Besiedlung wurden zunächst einmal die Wälder abgeholzt und die Schildkröten zum Verzehr getötet. Doch für eine intensive Landwirtschaft gab der steile, steinige Boden nicht genügend her.

Landwirtschaft

Bis zu Beginn des 20. Jahrhunderts bildeten der Anbau von Vanille und Zimt sowie vor allem die Kopraerzeugung (Kokospalmen) das Rückgrat der Wirtschaft. Wegen mangelnder Rentabilität sind diese Landwirtschaftszweige heute fast in die Bedeutungslosigkeit abgesunken. Gut entwickelt hat sich dagegen der in jüngerer Zeit begonnene Anbau von Tee auf den regenreichen Höhen von Mahé. Neben der Deckung des Eigenbedarfs wird ein großer Teil davon ausgeführt.

Der Anbau von Vanille ist stark zurückgegangen

Zunehmend gewinnt der Export von Fischen (Thunfisch, Bonito, Segelfisch, Schnapper usw.) an Bedeutung. Eine Fabrik im Hafen von Victoria, die immerhin rund dreihundert Arbeiter beschäftigt, hat sich auf die Thunfischverarbeitung spezialisiert.

Industrie und Tourismus

Gewerbebetriebe gibt es nur wenige: neben einer Brauerei und Zigarettenfabrik einige Tischlerei- und Baubetriebe sowie mehrere kleine Werften, die vor allem Holzboote bauen, und nicht zuletzt einige kunsthandwerkliche Ateliers, die vor allem Souvenirs herstellen.

Die meisten Devisen bringt der Tourismus ins Land, obwohl die Dimensionen bescheiden aussehen: 4700 Gästebetten stehen zur Verfügung; rund 130 000 Urlauber besuchen das Land im Jahr. Diese Zahlen beweisen aber auch, dass man bisher der Versuchung widerstanden hat, einen Tourismus großen Stils zu etablieren.

Wirtschaftliche Nachteile

Die Seychellen müssen ihren ganzen Bedarf an Maschinen, Kraftfahrzeugen, technischen Geräten, Kraftstoffen, Sanitäreinrichtungen, Bekleidung sowie einen Großteil der Nahrungsmittel importieren und haben dadurch mit erheblichen wirtschaftlichen Nachteilen zu kämpfen. Aufgrund der weiten Transportwege per Flugzeug oder Schiff, der relativ kleinen georderten Kontingente angesichts der 81 000 Einwohner und der z. T. immensen Einfuhrzölle ist das Preisniveau unverhältnismäßig hoch. Es treibt die Lebenshaltungskosten in die Höhe und macht das kleine Land zu einem teuren Pflaster. Das bekommt auch der Tourist zu spüren, der hier mehr Geld ausgeben muss, als er es von zu Hause oder anderen Urlaubsgebieten gewohnt ist.

Der umfangreiche Import bringt die Außenhandelsbilanz aus der Balance und führt nicht selten zu chronischem Devisenmangel. Um dem abzuhelfen, wird versucht, exportfähige Produkte oder Lebensmittel selber zu produzieren. Mit drastischen Mitteln wird der illegale Devisenhandel bekämpft.

Steckbrief

- **Lage:** Im Indischen Ozean, ca. 1600 km vor der Küste Ostafrikas auf der Breite von Tansania.
- **Anzahl der Inseln:** 115 (42 Granit-, 73 Koralleninseln), weniger als die Hälfte bewohnt.
- **Fläche:** 455 km²; Hauptinsel Mahé: 154 km².
- **Höchste Berge:** Morne Seychellois, 905 m (Mahé); Mont Dauban, 740 m (Silhouette); Praslin, 367 m (Praslin).
- **Einwohner:** 81 000 insgesamt, Mahé 71 000, Praslin 6000, La Digue 3000.
- **Hauptstadt:** Victoria (25 000 Einw.) auf Mahé.
- **Wirtschaftszweige:** Tourismus, Fischerei, Landwirtschaft.
- **Religionen:** 90 % katholisch, 8 % anglikanisch, übrige Freikirchen, Hindus, Muslime, Bahá'i.

Staatswesen

Die Seychellen sind eine Republik, die von einem alle fünf Jahre zu wählenden Präsidenten regiert wird. Ihm zur Seite stehen 14 Minister sowie das Parlament. Das Land gehört dem Commonwealth an und ist Mitglied der UNO.

Der erste Präsident nach der Unabhängigkeit war James R. Mancham. Nach knapp einjähriger Amtszeit wurde er von seinem Premierminister René und der Armee gestürzt. Bis 2004 regierte France Albert René das Land. Er etablierte zunächst mit seiner SPUP, später in *Seychelles People's Progressive Front* (SPPF) umbenannt, ein sozialistisches Einparteiensystem, sah sich aber 1993 nicht zuletzt wegen der veränderten politischen Weltlage gezwungen, wieder eine Verfassung mit einem Mehrparteiensystem einzuführen. Im April 2004 gab er sein Amt an Vizepräsident James A. Michel ab. Oppositionsparteien sind die SNP (Nationalpartei) und die DP (Demokratische Partei).

Geschichte im Überblick

Die Seychellen blieben bis in die Neuzeit hinein unentdeckt und unbewohnt. Man vermutet, dass in alter Zeit einmal arabische Seefahrer hierher verschlagen, jedoch nicht sesshaft wurden.

1502 Vasco da Gama sichtet auf seiner zweiten Indienreise die zu den Seychellen gehörenden Amiranten. Erste Erwähnung der Inseln unter dem Namen »Drei Brüder« in portugiesischen Seekarten.

1609 Alexander Sharpeigh von der Britischen Ostindien-Gesellschaft gelangt durch Zufall zur Nordgruppe der Seychellen. Sein Bericht im Bordbuch geriet in Vergessenheit, die Inseln blieben weiter unbeachtet.

1742 Der französische Kapitän Lazare Picault entdeckt bei einer Fahrt von der französischen Kolonie Mauritius nach Indien die Granitinseln der Seychellen.

1756 Offizielle Annexion der Seychellen durch die Franzosen. Aufstellung des »Steins der Inbesitznahme« auf Mahé. Namensgebung »Seychelles« nach einem damals prominenten Grafen.

1768 Erforschung der Inseln durch eine französische Expedition unter Marion Dufresne. Entdeckung der bis dahin unbekannten Seychellennusspalme auf Praslin.

1770 Von der französischen Kolonie Mauritius kommen die ersten Siedler mit ihren Sklaven auf die Seychellen. Sie lassen sich auf der Insel Sainte Anne vor Mahé nieder.

1772 Anlage eines Gewürzgartens an der Anse Royale auf Mahé.

1778 Eine kleine Schutztruppe errichtet ihre Barracken an der Stelle des heutigen Victoria.

1793 Kommandant Quéau de Quinssy kommt als Verwalter nach Mahé. Er untersteht den Kolonialbehörden auf Mauritius.

1810 Die Briten erobern Mauritius. Damit fallen auch die Seychellen kampflos in ihre Hände.

1811 Der erste britische Verwaltungsbeamte übernimmt die Amtsgeschäfte auf den Seychellen. Da die Inseln für das British Empire keinen strategischen oder wirtschaftlichen Nutzen bieten, bleiben sie mehr oder weniger sich selbst und einigen britischen Verwaltern überlassen. Man legt zahlreiche Kokosplantagen an und lebt hauptsächlich vom Kopraexport.

1835 Abschaffung der Sklaverei.

1903 Die Seychellen werden verwaltungsmäßig von Mauritius abgekoppelt und bilden ab jetzt eine eigenständige Kolonie. Zur Erinnerung daran wird der Clock Tower in Victoria errichtet.

1967 Einführung des allgemeinen Wahlrechts für Volljährige.

1972 Fertigstellung des Flughafens auf Mahé.

1976 Großbritannien entlässt am 29. Juni die Seychellen in die Unabhängigkeit. Erster Präsident: James R. Mancham.

1977 Staatsstreich durch France Albert René. Einführung einer sozialistischen Einparteiendiktatur unter der *Seychelles People's Progressive Front* (SPPF).

1993 Neue Verfassung mit einem Mehrparteiensystem. Wahl von France Albert René zum Präsidenten, Wiederwahl 1998 und 2001.

2004 James Alix Michel wird Nachfolger von René.

Kultur gestern und heute

In einem Land, das kaum mehr Einwohner besitzt als eine europäische Provinzstadt und auf gerade zweihundert Jahre Geschichte zurückblickt, konnte und kann die Kultur sich nicht in dem Maße wie in Europa entwickeln, zumal die meisten Menschen sich mehr schlecht als recht durchs Leben schlagen und deshalb andere Schwerpunkte setzen müssen. So sind es lediglich kleine Schätze, die es zu entdecken gilt.

Architektur

Die großzügig konzipierten Kolonial- und Pflanzerhäuser aus dem 19. Jahrhundert fügen sich harmonisch in die tropische Landschaft ein. Eine Freitreppe führt über die breite, häufig umlaufende Veranda in das auf Steinsockel gestellte Holzhaus. Diese Bauweise sowie die Anordnung zahlreicher, sich jeweils gegenüber liegender Klappfenster gewährleisten eine gute Durchlüftung und somit eine angenehme Raumtemperatur. Schmucke Gauben verleihen den Gebäuden ein gefälliges Aussehen, die häufig verwendeten Palmenblattdächer wurden in letzter Zeit jedoch durch eine kostengünstigere Wellblechbedachung ersetzt.

Mehrere gut erhaltene Kolonialhäuser gibt es an der Ostseite von Mahé: das Kreolische Institut südlich des Flughafens, südlich davon das Haus im Vilaz Artizanal (Craft Village), das La Plaine St. André Ökomuseum und die Auberge de Bougainville (Anse Royale). Auch das alte Gerichtsgebäude in Victoria sowie ein paar Schritte weiter das Historische Museum am State House Park – beides nationale Monumente – sind gute Beispiele für die Architektur der Kolonialzeit. Zu den schönsten Häusern dieser Epoche gehört auch das Pflanzerhaus auf Silhouette.

Musik, Tanz, Theater

Zum traditionellen Kulturgut der Seychellen sind auch Musik und Tänze zu rechnen. Ein typisches Beispiel dafür ist die schwermütige *Moutia,* eine Mischung aus Gesang und Tanz. Am hell lodernden Lagerfeuer werden zunächst die großen, tamburinförmigen Trommeln gestimmt, die die improvisierten, von Männern und Frauen im Wechsel vorgetragenen Gesänge rhythmisch untermalen. Die Lieder erzählen von persönlichen Erlebnissen, von Sorgen und Nöten. Allmählich verfallen die Akteure in Tanzschritte und versetzen sich im Laufe des Abends in eine Art Trance.

Die Moutia, die zur Sklavenzeit weit verbreitet war, verliert mittlerweile

Kamtole Bands

Eine lustige Mischung aus europäischen und afrikanischen Einflüssen bieten die Kamtole Bands mit ihrer Musik, die auf die im 18. Jh. so beliebten Contredanses zurückgeht.
Die kleinen Orchester sind traditionsgemäß mit Geige, Banjo und Ziehharmonika besetzt. Was sie spielen, klingt wie Squaredance-Musik. Bislang gibt es, besonders auf Praslin, noch einige Kapellen, welche diesen Musikstil pflegen.

Kamtole Band

Segavorführungen finden in den meisten Hotels statt

immer mehr an Bedeutung und lebt höchstens noch als eine Art Show weiter, die Touristen in den Hotels als Abendunterhaltung dargeboten wird.

In der einheimischen Musik durchgesetzt und fast schon zum Nationaltanz entwickelt hat sich dagegen die *Sega*. Der aufmunternde Rhythmus animiert geradezu zum Tanzen. Die Paare drehen sich in kleinen Schritten umeinander und versuchen, ihrer Freude am Partner Ausdruck zu verleihen, ohne ihn zu berühren. Ursprünglich wurde die Sega von Gesang, Tamburintrommeln, Triangel und Rasseln begleitet. Heute spielt man sie auf allen modernen Instrumenten, und jede Tanzband hat entsprechende Stücke im Repertoire, mitunter aufgepeppt und den aktuellen Diskohits angepasst.

Festekalender

- **Juni: Nationalfeiertag** am 18. Juni. Umzug in Victoria; politische Kundgebungen im Stadion, die von Show- und Sportveranstaltungen umrahmt werden.
- **August: Assumption Day** (Mariä Himmelfahrt), 15. August. Wird besonders auf La Digue gefeiert mit einer Messe, einem Umzug sowie einem Volksfest.
- **Oktober: Festival Kreol,** Beginn Ende Oktober (s. S. 29).
- **Oktober bis Dezember: Kommunionsfeiern** überall im Land. Die Kommunion ist das wichtigste Fest im Leben der Seychellois. Die Eltern beziehungsweise die Mütter und Großmütter kratzen dafür ihre letzten Ersparnisse zusammen. Weil viele von ihnen keine eigene Hochzeit erleben konnten, putzen sie wenigstens ihre Kinder als kleine Braut oder kleinen Bräutigam heraus. Es lohnt sich, während dieser Zeit an Sonntagen die Augen offen zu halten oder auch die Gottesdienste zu besuchen.
- **Oktober** oder **November: SUBIOS-Unterwasserfestival** mit Wettbewerben, Vorträgen, Film- und Diavorführungen sowie Tauchgängen. **Prozession** am 30. November zur Kirche des hl. Andreas in Cascade (im Osten Mahés) mit anschließender Weihe der Fischerboote.

Vorwiegend afrikanischer Tradition scheint die Freude am Theaterspielen zu entspringen. So ist es nicht überraschend, dass auf Mahé des öfteren Stücke aufgeführt werden, die von talentierten einheimischen Autoren selbst geschrieben wurden oder aus dem Französischen ins Kreol übersetzt sind. Größere Theatersäle gibt es im Maison du Peuple in Victoria sowie in den Polytechnischen Schulen von Mont Fleuri und Anse Royale.

Bildende Kunst

Malerei und Skulptur erhielten auf den Seychellen erst Anstöße durch einige Europäer, die sich in jüngerer Zeit hier niederließen.

Skulptur von Tom Bowers

Antonio Filippin

Der originellste ist sicherlich der Bildhauer Antonio Filippin, ein Italiener, der im Ruhrgebiet aufwuchs, was man unschwer an seiner Aussprache erkennen kann. Oberhalb der Beau-Vallon-Bucht auf Mahé schlug er 1992 sein Freiluft-Atelier auf, in dem er aus Holz abstrakte Plastiken schnitzt, in die oft kurvenreiche Frauenkörper eingebettet sind (s. S. 46). Dass er aber auch sehr realistisch zu arbeiten versteht, beweist die von ihm geschaffene Büste Quéau de Quinssys im State House Park von Victoria.

Tom Bowers

Mehr zur naturalistischen Darstellungsweise tendiert der aus England stammende Bildhauer Tom Bowers, der sich zusammen mit Frau und Töchtern in den 1980er Jahren die Seychellen zur Wahlheimat machte. Die Vorlagen zu seiner künstlerischen Arbeit sind die Menschen und Tiere der Inseln, die er eindrucksvoll in grauschimmerndes Kunstharz modelliert. Von den meisten Figuren werden anschließend Bronzeabgüsse hergestellt. Sein Atelier liegt an der Cannelles Road im Süden Mahés, wo er seine Werke auch verkauft und der Besucher ihm bei der Arbeit über die Schulter schauen kann. Von Bowers stammt unter anderem das Denkmal vor dem Gebäude La Bastille an der Küstenstraße im Norden Victorias, das drei ehemals sehr geschätzte Volksmusiker der Seychellen darstellt.

Michael Adams

Schon zur Institution geworden ist der auch in Europa bekannte Maler Michael Adams. Der gebürtige Engländer zog bereits vor der Unabhängigkeit auf die Seychellen und wohnt im Süden von Mahé (s. S. 58). Auf seinen Bildern stellt er Szenen aus dem täglichen Leben der Seychellois dar und versteht es, das flirrende Licht und die Farbigkeit der tropischen Vegetation so überzeugend auf die Leinwand zu bringen, dass Touristen gerne zur Erinnerung an ihren Urlaub ein Bild bei

Michael Adams bei der Arbeit an einem seiner überaus farbenfrohen Bilder

ihm erstehen. Das Geschäft läuft so gut, dass es sich Adams heute leisten kann, keine Originale mehr, sondern nur noch Drucke zu veräußern.

Einheimische Künstler

Mehrere einheimische Maler arbeiteten zunächst in ähnlicher Art wie Adams, haben aber inzwischen ihren eigenen Stil entwickelt. Hervorzuheben wären Gerard Devoud in Mont Fleuri südlich von Victoria (s. S. 52) und gegenüber vom Plantation Club (s. S. 57) sowie Donald Adelaide in Baie Lazare (s. S. 57), die beide neben Drucken auch Originale verkaufen.

Der Erfolg der bekannten Künstler hat viele Seychellois dazu ermutigt, sich auch in diesem Metier zu versuchen. Es wurde ein Verein gegründet, der junge Anfänger fördert, Ausstellungen organisiert und Preise verleiht. Auch die Regierung ist der Kunst gegenüber aufgeschlossen. Sie vergibt Aufträge an Künstler und hat das Cultural Centre im repäsentativen Bibliotheksgebäude in Victoria für Ausstellungen, Aufführungen und Konzerte eingerichtet.

Festival Kreol

Zum »Tag der kreolischen Kultur« wurde der 28. Oktober von der UNESCO bestimmt. Er wird überall in der Welt gefeiert, wo Kreolen wohnen, in der Karibik ebenso wie im Indischen Ozean. Die Länder laden einander ein und tauschen Musikgruppen und Künstler aus.

Besonders engagiert wird das Festival Kreol auf den Seychellen begangen, wo man es seit 1985 gewöhnlich auf eine Woche (letzte Woche im Oktober) ausdehnt. Während dieser Zeit wird alles aufgeboten, was irgendwie mit kreolischer Kultur zu tun hat: Musik- und Tanzdarbietungen, verschiedene gestalterische Wettbewerbe, Kunstausstellungen, Theatervorführungen, Umzüge sowie Kongresse, auf denen man sich unter anderem Gedanken zur Bewahrung der kreolischen Sprache macht. Touristen können an allen Ereignissen leicht teilhaben, da sich die meisten sowieso in den großen Hotels auf Mahé sowie im Lenstiti Kreol an der Ostküste beim Craft Village abspielen.

Essen und Trinken

Frisch aus dem Meer

Es wird nicht viele Länder auf der Welt geben, in denen man Fisch so frisch und in solcher Vielfalt bekommt wie auf den Seychellen. Da werden Thunfisch, Bonito, Königsmakrele, Zackenbarsch, Job, Roter Schnapper, Barrakuda, aber auch Tintenfisch angeboten, um nur die bekanntesten zu nennen.

Currys und andere Spezialitäten

Fisch ist auch das tägliche Brot der Einheimischen. Er wird gegrillt, gekocht und gebacken, meistens jedoch in Form eines Currys *(kari pwason)* angeboten (s. S. 8). Die Zutaten zum klein gewürfelten Fisch bestehen aus Reis, einer scharf gewürzten Currysauce und verschiedenen Gemüsesorten sowie einem Schälchen Chilisauce zum Nachwürzen. Aber Vorsicht, ein europäischer Gaumen verträgt normalerweise wirklich nur eine Löffelspitze davon!

Andere Grundlagen der Currys sind Huhn *(kari poul)*, Schwein oder als Besonderheit Fliegender Hund. Die Gewürzmischung für die Currysauce (dazu gehören u. a. Gelbwurz, Ingwer, Kardamom, Knoblauch, Koriander, Kümmel, Pfeffer, Senfkörner und nicht zuletzt Chili) wird individuell zusammengestellt, man bekommt sie aber auch fertig zu kaufen, z. B. auf dem Markt in Victoria. Weniger scharf ist normalerweise die *Creole Sauce*, die hauptsächlich aus Tomaten besteht. Eine weitere Spezialität ist die *Tec-tec*-Suppe, die als Einlage winzige Muscheln enthält.

Makrelen – garantiert fangfrisch

Im Hotel

In den Hotels serviert man vor allem europäische Küche. Oft werden Büfetts mit mehreren Gerichten und frischen Salaten aufgebaut. Als Nachtisch sind neben frischem Fruchtsalat auch gebackene Bananen, karamellisiert oder in einer Crème aus Kokosnussmilch zubereitet, empfehlenswert.

Das Standard-Frühstück im Hotel gibt sich englisch: Zum Toast serviert man gesalzene Butter sowie Orangenmarmelade oder andere Konfitüre, dazu Eier in jeglicher Form mit Bacon oder Ham. Der Beitrag der Seychellen besteht aus frischen tropischen Früchten: Ananas, Papayas, Mangos, Bananen oder Passionsfrüchten. Auch der vorzügliche Tee, z. B. mit Vanillearoma, stammt aus einheimischer Produktion.

Calou und Bacca

Besonders nachhaltige Wirkung haben zwei Lieblingsgetränke der Einheimischen: Calou, ein aus Blütenständen der Kokospalme gewonnener und vergorener Wein und der rumähnliche Bacca aus Zuckerrohr.

Einheimische Getränke

Gut mundet das in deutscher Lizenz gebraute Bier (SeyBrew, EKU); allerdings wird der Gerstensaft in einer Miniaturdosis von 0,275 Litern serviert. Aus Frankreich oder Südafrika stammende, nicht gerade billige Weine werden in den Hotels und Restaurants offeriert. Noch etwas tiefer in die Tasche greifen muss man für stärkere Getränke, insbesondere wenn es eine der eindrucksvollen Cocktail-Kreationen sein soll.

Die angebotenen alkoholfreien Getränke, von der Cola bis zum Tafelwasser, stammen überwiegend aus einheimischer Produktion. Fruchtsäfte kommen fast immer aus der Dose; dabei gibt es so erfrischende Köstlichkeiten wie frisch gepressten Limonen- oder Passionsfruchtsaft – man muss nur danach fragen.

Tipp Wer etwas für sein Wohlbefinden und einen guten Schlaf tun will, der beschließt sein Abendessen mit einem aus frischem Zitronengras aufgebrühten Citronelle-Tee.

Urlaub aktiv

Urlaub aktiv – wenn die Quecksilbersäule über 30 Grad Celsius klettert und die Luftfeuchtigkeit knapp unterhalb der Hundertprozentmarke liegt? Unter diesen Bedingungen gehört manchmal eine Portion Überwindung dazu, die vielen gebotenen Freizeitaktivitäten auch auszunutzen. Da bleibt es oft bei der leichtesten und nächstliegenden Übung: sich einfach ins Meerwasser gleiten zu lassen, dessen laue Temperatur zum stundenlangen Baden einlädt.

Schwimmen

Viele Feriengäste befriedigen ihre Badelust im Swimmingpool, über den fast alle Hotels verfügen, und benutzen das Meer nur dazu, mit den Füßen darin zu plantschen oder daran entlangzuspazieren. Tatsächlich ist es manchmal gar nicht so einfach, ein ideales Plätzchen zum Schwimmen im Meer zu finden. Die malerisch vor der Küste liegenden Lagunen haben bei Ebbe einen sehr niedrigen Wasserstand, fallen oft sogar trocken, und selbst bei Flut muss man auf einzelne Korallenblöcke aufpassen. Da empfiehlt sich unbedingt das Tragen von Badeschuhen zum Schutz vor Seeigeln oder Korallentrümmern.

Diese Schwierigkeiten gibt es nicht an Sandstränden ohne vorgelagerte Korallenriffe, weil der Grund schnell ins Tiefe abfällt. Je nach Richtung des Monsunwindes kann hier aber eine hohe Brandung herrschen.

Die folgende Übersicht fasst die zum Schwimmen am besten geeigneten Plätze zusammen; die Monatsangaben beziehen sich auf die Periode, während der mit hohem Wellengang

Bei 26 °C Wassertemperatur hält man es lange im Ozean aus

zu rechnen ist und Baden wegen Strömungen gefährlich sein kann. Man sollte auf alle Fälle die Warnschilder beachten, die an manchen Stränden aufgestellt sind.

Auf Mahé
Vor der gesamten Ostküste liegt eine Lagune, daher bietet sie keine idealen Voraussetzungen zum Schwimmen – mit Ausnahme der einladenden Anse Royale im Süden, wo das Korallenriff so weit draußen liegt, dass das Wasser der Lagune einige Meter Tiefe aufweist.

Auf der anderen Inselseite gibt es eine ganze Reihe schöner Sandbuchten, dies sind: Carana Beach (Nov. bis März Wellengang), Bucht beim Sunset Beach Hotel (Nov. bis März Wellengang), Bucht beim Northolme Hotel (Nov. bis März Wellengang), Beau Vallon Bay (Nov. bis März Wellengang), Grand Anse (Mai bis Sept. Wellengang), Anse à la Mouche (Mai bis Sept. Wellengang), Anse Soleil (Mai bis Sept. Wellengang), Anse Intendance (Mai bis Sept. Wellengang).

Auf Praslin
Anse Lazio (Nov. bis März Wellengang), Anse Georgette (Nov. bis März Wellengang), Anse Kerlan (Nov. bis März Wellengang), Anse Volbert.

Auf La Digue
Grand Anse (Mai bis Sept. Wellengang), Petite Anse (Mai bis Sept. Wellengang), Anse Cocos (Mai bis Sept. Wellengang), Anse Source d'Argent.

Auf Frégate
Anse Victorin (Nov. bis März Wellengang), Anse Bambous (Nov. bis März Wellengang).

Auf Silhouette
Anse Mondon (Nov. bis März Wellengang).

Schnorcheln

Auf den Seychellen gibt es viele wunderschöne Schnorchelreviere mit reichem Korallenwuchs und einem bunten Unterwasserleben (s. S. 17 f.).

1a-Schnorchelreviere

- Auf **Mahé:** der Sainte Anne Marine National Park, die Baie Ternay, die Anse Soleil und Petite Anse.
- Auf **Praslin:** der Küstenabschnitt gegenüber der Insel Curieuse, das Gebiet vor der Anse La Farine sowie die Flanken der Bucht von Anse Lazio.
- Auf **La Digue:** der Küstenabschnitt im Bereich des Hafens.
- Sehr zu empfehlen sind auch die Koralleninseln **Denis** und **Desroches.**

Allerdings liegen sie selten direkt vorm Hotel. In den Lagunen zu schnorcheln lohnt sich im Allgemeinen wenig, weil das Wasser trüb ist und es auch kaum etwas zu sehen gibt. Weitaus interessanter sind die Riffe; allerdings sind sie in der Regel nur mit dem Boot erreichbar und auch nicht ganz ungefährlich wegen der dort herrschenden Brandung. Gut eignen sich dagegen die felsigen Flanken von offenen Sandbuchten.

Tipp Zum Schutz gegen Sonnenbrand sollte man vor allem am Anfang des Urlaubs ein T-Shirt beim Schnorcheln tragen. Gut bewährt hat sich zu diesem Zweck Skiunterwäsche, die selbst im Wasser eng anliegt.

Tauchen

Der Tauchsport ist sehr populär auf den Inseln. Es gibt über ein Dutzend Tauchschulen, bei denen man Unterricht nehmen oder Exkursionen buchen kann. Die meisten sind dem Berufstaucherverband der Seychellen (APDS) angeschlossen und von der Professional Association of Diving Instructors (PADI) anerkannt, so dass sie international gültige Tauchscheine ausstellen können. Wer als Anfänger kommt, sollte zur eigenen Sicherheit ein ärztliches Tauglichkeitszeugnis von zu Hause mitbringen. (Tauchlehrer sollten ein solches verlangen.) Geübte Taucher nehmen am besten ihren Nachweis (Brevet) über ihre Unterwassererfahrung mit. Die notwendige Ausrüstung einschließlich Unterwasserkamera gibt es zu leihen. Ein 3–4 mm dicker Tauchanzug gegen eventuelle Auskühlung ist empfehlenswert, er schützt zusätzlich gegen Abschürfungen an Korallen. Bewährt haben sich leichte Overalls aus Lycra, die schnell trocknen.

Geeignete Tauchreviere gibt es praktisch überall. Der Unterwasserboden rund um die Granitinseln liegt kaum mehr als 30 m tief und besteht aus kahlen Felsabbrüchen sowie abwechslungsreichen Korallenriffen mit einer bunten Vielfalt an Tropenfischen. Neugierige, aber nicht aggressive Haie gibt es immer wieder zu beobachten. Auch Großfische wie Mantas oder Walhaie lassen sich ausmachen, besonders zwischen November und Januar, wenn das Plankton in die höheren Wasserschichten steigt. Als bestes Revier gilt jenes der Insel Desroches, bekannt durch seinen Fischreichtum und seine abwechslungsreichen, von Steilabbrüchen geprägten Korallenriffe. Besonders gut geeignete Monate sind April/Mai und Oktober/November mit relativ ruhigem Meer. Dann kann die Sicht mehr als 30 m betragen.

Gerade weil der Tauchsport auf den Seychellen so viele Anhänger gefunden hat, sollte man bedenken, dass jeder Tauchgang einen Eingriff in die Unterwasserwelt bedeutet. Jegliche Berührungen mit dem Meeresboden oder den Korallenstöcken sollte man vermeiden sowie niemals Muscheln oder Korallen mitnehmen.

Die hier aufgelisteten Tauchschulen sind Mitglied im APDS:

Mahé

- **Angel Fish Dive Centre,** Roche Caiman, Tel. 34 41 33, Fax 34 41 34;
- **Island Ventures,** Berjaya Beau Vallon Bay Beach Resort, Beau Vallon, Tel. 24 71 65, Fax 24 74 33, www.islandventures.net;
- **Underwater Centre,** Coral Strand Hotel, Beau Vallon; Northolme Hotel, Glacis, Tel. 34 54 45, Fax 34 42 23;
- **Dive Resort Seychelles,** The Plantation Club, Baie Lazare, Tel. 36 18 13, Fax 36 68 83;
- **Big Blue Divers,** Mare Anglaise, Tel. 26 11 06, Fax 24 78 54.

Praslin

- **Scubamania,** Hotel Marechiaro, Grand Anse, Tel. 28 38 88, Fax 23 39 93;
- **Bleu Marine,** Anse la Blague, Tel. 51 57 65, Fax 56 04 19;
- **Côte d'Or Octopus Diving,** Anse Volbert, Tel./Fax 23 23 50;
- **Whitetip Divers,** Anse Volbert, Tel. 51 42 82, Fax 23 22 82.

La Digue

- **Azzurra Pro-Dive Centre,** Anse de la Réunion, Tel. 29 25 25, Fax 23 41 32.

Desroches

- **Underwater Centre (Amirantes),** Desroches Island, Amiranten, Tel. 22 91 19, Fax 34 42 23.

Denis

- **Denis Island Dive Centre,** Denis, Tel. 32 11 43, Fax 32 10 10.

Alphonse

- **Epsey Royal Watersports,** Alphonse, Tel. 22 90 45, Fax 22 90 34.

North

- **North Island Dive Centre,** North Island, Tel. 29 31 00, Fax 29 31 50.

Einige Schiffe auf Mahé haben sich auf Tauchexkursionen spezialisiert:

- **Indian Ocean Explorer,** ein ehemaliges Forschungsschiff, Tel./Fax 22 58 44;
- **King Bamboo,** 12-m-Katamaran, Tel. 51 39 45, Fax 51 17 19;
- **Silhouette Cruises,** 36-m-Schoner, Tel. 32 40 26, Fax 32 43 65;
- **Wikinger,** 22-m-Schoner, Tel. 51 96 04.

Windsurfen und Segeln

Die Voraussetzungen für diese Sportarten (s. auch Special S. 6 f.) sind sehr günstig in der Zeit zwischen Mai und September, wenn der Südostmonsun stark (4 bis 5 Beaufort) und stetig weht. Weniger ideal ist die Zeit zwischen Dezember und März. Der dann herrschende Nordwestmonsun kann zwar kräftig blasen, setzt aber mitunter auch tagelang aus. Kaum ein Lüftchen regt sich in den Monsunschlagzeiten April sowie Oktober/November. Wann diese genau einsetzen, lässt sich nie exakt vorhersagen; in der Regel dauert die windlose Übergangsperiode einen Monat.

Windsurfbretter verleihen viele Hotels sowie einige Unternehmen auf Mahé, aber das Material entspricht oft nicht dem Standard, den sich ein passionierter Windsurfer wünscht. Gege-

benenfalls sollten sich Windsurfer Ihre eigene Ausrüstung mitbringen.

Besser sieht es bei den Sportsegelbooten aus. Häufig handelt es sich um Katamarane, die normalerweise in gutem Zustand sind. Die größte Auswahl und das beste Revier findet man an der weiten, überwiegend korallenfreien Beau Vallon Bay auf Mahé.

Eine andere Möglichkeit, sich seglerisch zu betätigen, besteht beim Jachtklub in Victoria (Hafen, Tel. 32 31 39), wo besonders von Mai bis September eine rege Regattatätigkeit herrscht. Für größere Fahrten gibt es Jachten, vorzugsweise mit Skipper, zu chartern. Der favorisierte Bootstyp ist auch hier der Katamaran. Angeboten werden Touren im Gebiet der Inneren Inseln, aber auch mehrwöchige Törns zu den Amiranten oder noch weiter, bis nach Aldabra.

i **Marine Charter Association,** P. O. Box 469, Victoria, Mahé, Tel. 32 21 26, Fax 22 46 79. Über Veranstalter für Jachtcharter informiert auch das **Seychelles Tourist Office,** c/o The Mangum Group, München, Tel. 0 89/23 66 21 69, Fax 23 66 21 99, seychelles@mangum.de.

Angeln

Die reichhaltigen Fischgründe der Seychellen bieten beste Vorraussetzungen für Hochsee-, Grund- und Fliegenfischer. Prospekte der Hochseeangelunternehmen zeigen, welch zentnerschwere Fische aus den Gewässern der Seychellen zu ziehen sind. Einen zwei bis drei Meter langen Marlin oder Segelfisch möchte wohl jeder Angler gerne einmal am Haken haben. Beide Fische sind Bewohner der hohen See; um sie aufzuspüren, muss man den flachen Unterwassersockel rund um die Granitinseln verlassen.

Tipp Ideale Ausgangspunkte zum Hochseeangeln sind die Inseln Bird, Denis oder Desroches und die Amiranten.

Einen Segelfisch oder Marlin fängt man natürlich nicht alle Tage, und so bringen die Angler meistens »nur« Bonitos, Thunfische, Goldmakrelen, Wahoos oder Barrakudas heim. Die Beute gehört normalerweise dem Bootseigentümer, dem Angler bleiben die Ehre, ein Foto und die Kosten für den nicht gerade billigen Spaß.

Jetzt muss nur noch ein Marlin anbeißen

Hochseeangelboote sind mit einer größeren Anzahl starker Angelruten ausgestattet sowie mit mehreren fest verankerten Stühlen, auf denen die Angler angeschnallt werden, sobald der Kampf mit dem Fisch beginnt. Zu chartern gibt es die Boote auf Bird, Denis, Desroches sowie Mahé meistens zusammen mit einem reviererfahrenen Skipper sowie ein oder zwei Hilfskräften. Größere Boote verfügen über Schlafstellen, so dass man mit ihnen auch länger auf See bleiben kann.

i **Marine Charter Association,** P. O. Box 469, Victoria, Mahé, Tel. 32 21 26, Fax 22 46 79.

Parasailing

Flüge in einem Schleppfallschirm, gezogen von einem Motorboot, werden bisher nur an der Beau Vallon Bay auf Mahé angeboten. Infos bei **Beau Vallon Aquatic Sport,** Tel. 51 13 99, Fax 37 57 16.

Golf

Selbst den Golfschläger kann man auf den Seychellen schwingen. Neben einer etwas älteren 9-Loch-Anlage (Reef Golf Club) an der Anse aux Pins auf Mahé (s. S. 53) wurde vor einigen Jahren ein neuer 18-Loch-Meisterschaftsplatz hinter dem Lémuria Resort auf Praslin eröffnet, der den Spielern Ausblick auf einige der reizvollsten Inselpanoramen gewährt. Beide Anlagen stehen auch Besuchern zur Verfügung, die nicht im jeweiligen Hotel zu Gast sind.

Reiten

Reitmöglichkeiten werden auf La Digue in der Anlage **L'Union Estate,** Tel. 23 42 40, angeboten.

Fahrrad fahren

Zwei ausgesprochene Fahrradinseln sind Praslin und vor allem La Digue, weil auf den Straßen relativ wenig Autoverkehr herrscht und die Landschaft nicht so bergig ist. Auf La Digue werden Leihfahrräder von mehreren Unternehmern angeboten, u. a. gleich am Hafen, sobald man das Fährschiff verlässt. Auf Praslin gibt es Verleihfirmen an der Côte d'Or und im Ort Grand Anse.

Auf Mahé findet man kleinere Verleihunternehmen vor allem im Süden, meistens direkt bei den größeren Hotels. Im Norden Mahés ist das Radfahren wegen des sehr dichten Verkehrsaufkommens jedoch nicht empfehlenswert.

Auch zu Pferd kann man La Digue erkunden

Auf Praslin und La Digue leistet ein Fahrrad gute Dienste

! Bei den Leihrädern handelt es sich häufig um billige Mountainbikes, die zum Teil schon recht heruntergekommen sind. Überprüfen Sie die Bremsen sowie die Funktionsfähigkeit der Gangschaltung – möglichst bevor Sie die Leihgebühr entrichten.

Wandern

Man kommt zwar nicht gerade zum Wandern auf die Seychellen, hätte aber sicherlich etwas versäumt, wenn man es nicht täte. Die einzigartige Natur und die großartige Landschaft lassen sich am besten zu Fuß erkunden. Wege gibt es genug, das Fremdenverkehrsamt hat eine Reihe von ihnen erschlossen, markiert und mit Hinweisschildern versehen (s. S. 60).

Weil die Pfade oft schlüpfrig sind und manchmal auch steile Etappen überwunden werden müssen, empfiehlt sich für diese Ausflüge gut profiliertes Schuhwerk, ansonsten genügen eine Sonnenkappe, Hemd und Shorts, Insektenschutz sowie ein leichter Rucksack mit genügend Trinkvorräten und einem Regenschutz. Die beste Zeit für Wanderungen liegt zwischen den Monaten Mai und September (kühlender Südostmonsun!). In jedem Fall sollte man so weit wie möglich die Morgenkühle ausnutzen und früh starten.

Tipp Für die meisten Wanderwege gibt es die sehr empfehlenswerten kleinen Führer »Nature Trails and Walks in Seychelles«, die man für wenige Rupien beim Tourist Office in Victoria oder in den größeren Hotels kaufen kann. Verfasser dieser Broschüren sind die Biologen Katy Beaver und Lindsay Chong-Seng, welche die meisten Wege auch mitgeplant haben. Sehr anschaulich beschreiben sie (allerdings in Englisch) die unterwegs anzutreffende Tier- und Pflanzenwelt und erwähnen auch sonstige Sehenswürdigkeiten.

Bis auf die Besteigung des Morne Seychellois sind die Touren in eigener Regie durchzuführen, soweit man gut zu Fuß ist und über ein Auto verfügt. Es werden aber auch geführte Wanderungen angeboten, z. B. von **Basil Beaudouin** (Tel. 24 17 90); Führer vermittelt ebenso das **Tourist Office** in Victoria, Mahé (Tel. 61 08 00).

Unterkunft

Rund 4700 Fremdenbetten stehen auf den Inseln zur Verfügung, eine überraschend niedrige Zahl. Tatsächlich hat man auf den Seychellen bisher der Versuchung widerstanden, einen Tourismus großen Stils aufzuziehen. Charterflüge sind nicht zugelassen, und die Hotelbauten erreichen bisher keine gigantischen Ausmaße, sondern fügen sich gut in die Landschaft ein.

Bei der Wahl der Unterkunft gibt es viele Möglichkeiten, die Preise sind aber für alle hoch: für zwei Personen im Doppelzimmer bewegen sie sich zwischen 100 und 2000 €. An Weihnachten, Ostern sowie in den Monaten Juli/August muss man mit ausgebuchten Unterkünften rechnen, weil viele Europäer dann ihre Ferien auf den Seychellen verbringen.

Hotels

In den großen Hotels, die meistens von internationalen Gesellschaften betrieben werden, bekommt man jenen Komfort geboten, der weltweit üblich ist: Schwimmbad, Tennisplätze, Abendunterhaltung mit Live-Bands sowie Fernsehapparat, Minibar und Klimaanlage im Zimmer. In zwei Hotels (Berjaya Beau Vallon und Plantation Club) auf Mahé sowie an der Anse Volbert auf Praslin (Casino des Iles) hat man die Möglichkeit, im Kasino sein Urlaubsbudget aufs Spiel zu setzen. Mehr dem Inselstil angepasst sind die Hotelanlagen auf den kleinen Eilanden, wo es zwar weniger Abwechslung, dafür viel Ruhe und individuellen Service gibt. Auf den Inseln Cerf, Silhouette, Frégate, Anonyme, Cousine, Félicité, Chauve Souris, Bird, Denis, Desroches und Alphonse sowie auf North und Ste. Anne steht jeweils eine Lodge zur Verfügung, die z. T. nur mit Vollpension gebucht werden kann (ab 200 €/Tag).

Süßwasserpool der La Digue Island Lodge

Selbstversorgerapartments

Häufig werden Apartments und Bungalows für Selbstversorger angeboten, die die ganze Bandbreite von der einfachen Hütte bis zur Luxuswohnung abdecken. Manche liegen abseits von Strand und Einkaufsmöglichkeiten, so dass man meistens noch den Preis für einen Mietwagen einrechnen muss. Ein Selbstversorgerbungalow für zwei Personen ist ab 100 € pro Tag zu haben, Apartments sind etwas günstiger.

Gästehäuser und Pensionen

Persönliche Atmosphäre, mitunter sogar Familienanschluss genießt man in einem Gästehaus oder einer Privatpension – dies ist zugleich die günstigste Art zu wohnen. Dabei sind manchmal Abstriche beim Komfort zu machen. Die Unterkünfte liegen oft nicht direkt am Strand, nicht jedes Zimmer hat eine Klimaanlage.

Ein Unterkunftsverzeichnis gibt das **Seychelles Tourist Office** heraus (Sonnenstr. 9, 80331 München, Tel. 0 89/23 66 21 69,Fax 2 60 40 09, seychelles@mangum.de, www.seychelles.com); auf den Seychellen am Flughafen von Mahé am Schalter des Tourist Office, der bei Ankunft jedes internationalen Fluges geöffnet ist, oder in Victoria (s. S. 50).

Reisewege und Verkehrsmittel

Anreise

Fast alle Touristen erreichen die Seychellen auf dem Luftweg. Von Deutschland aus bestehen Direktverbindungen von Frankfurt/Main nach Mahé, die einmal wöchentlich von **Thomas Cook** (www.thomascook.de) sowie **Air Seychelles** (www.airseychelles.de) bedient werden (zum Teil Nachtflüge). Ein Nonstopflug dauert ca. neuneinhalb Stunden.

Air Seychelles fliegt daneben auch die Strecke Zürich–Mahé (einmal wöchentlich), **Air France** mehrmals wöchentlich die Route Paris–Mahé, **British Airways** bedient die Strecke London–Mahé.

Unterwegs auf den Seychellen

Flugverkehr

Den Flugverkehr zwischen den Inseln wickelt die Air Seychelles mit kleinen Propellermaschinen ab. Sie starten auf Mahé vom Inter-Island Terminal (neben dem International-Airport-Gebäude). Es bestehen planmäßige Verbindungen nach Praslin (mehrmals stündlich, Flugdauer 15 Min.), Bird Island (täglich, Dauer 30 Min.) und Denis (viermal pro Woche, Dauer 30 Min.).

Reservierungen für Inter-Island-Flüge kann man bei Air Seychelles auf Mahé, Tel. 38 42 32, oder Praslin, Tel. 28 46 12, vornehmen. Die Flüge zu den Inseln Alphonse, Frégate, North, Bird, Denis und Desroches sind nur in Verbindung mit Übernachtungen in den jeweiligen Lodges buchbar.

Ausflugsboote laufen auch entlegenere Ziele an

Hubschrauberservice

Helicopter Seychelles in Mahé betreibt mit kleinen, viersitzigen Hubschraubern einen individuellen Luftverkehr (Tel. 38 58 58, Fax 37 30 55, www.helicopterseychelles.com). Die Maschinen verkehren regelmäßig zwischen Mahé und La Digue sowie Mahé und Silhouette, da beide Inseln keine Landepisten für Flugzeuge besitzen. Außerdem kann man die Hubschrauber für Rundflüge und Transfers, u. a. nach Praslin, Frégate und Denis, chartern. Auf Mahé landen die Hubschrauber außer auf dem Flugplatz auch auf dem Helistop Victoria (am Inter-Island Quay) und dem Helistop Plantation Club im Süden der Insel.

Mit dem Boot

Zwischen Mahé, Praslin und La Digue besteht ein regelmäßiger, teilweise mehrmals täglich verkehrender Fährbetrieb. Die Abfahrtstellen sind auf Mahé der Inter-Island Quay in Victoria, auf Praslin die Jetty von Baie Ste. Anne und auf La Digue der Hafen La Passe. Bei den Fährbooten handelt es sich überwiegend um Schoner, die von Privatunternehmern betrieben werden. Sie ändern von Zeit zu Zeit ihren Fahrplan. Nach dem aktuellen Stand erkundige man sich bei **Inter-Island Ferry Services,** Tel. 23 23 29. Die Tickets erhält man normalerweise erst an Bord. Die Fahrtdauer im Schoner zwischen Mahé und Praslin beträgt zweieinhalb Stunden, zwischen Praslin und La Digue eine halbe Stunde.

Tipp Schnell und komfortabel ist der Transfer auf dem Katamaran *Cat Cocos* von Mahé nach Praslin (1 Std.).

Mit dem Bus

Öffentliche, von der staatlichen Gesellschaft SPTC betriebene Busse verkehren auf Mahé und Praslin. Der zentrale Busbahnhof auf Mahé liegt an der Palm Street in Victoria. Fahrpläne sind im Touristenbüro, im SPTC-Bürogebäude am Busbahnhof, eventuell auch an der Hotelrezeption erhältlich. Verkehrsreiche Strecken, z. B. von Victoria nach Anse aux Pins, werden im Halbstundentakt befahren. Nach Bel Ombre (über Beau Vallon) sowie nach Port Launay bestehen auch abends Verbindungen. Ansonsten verkehren die Busse zwischen 6 und 19 Uhr.

Auf Praslin gibt es zwei Linien, welche die Strecke Anse Boudin–Mont Plaisir bedienen, und zwar im Stundenrhythmus; sonntags etwas seltener.

Busfahrten sind durchaus zu empfehlen, weil sie sehr billig sind, und man in Kontakt zu den Seychellois kommt. Meiden Sie jedoch die Hauptverkehrszeiten morgens vor 9 Uhr und nachmittags zwischen 15.30 und 17.30 Uhr. Die Wagen sind dann überfüllt.

Die Bushaltestellen sind durch kleine Schilder oder Markierungen direkt auf dem Asphalt gekennzeichnet. Es ist darauf zu achten, dass man auf der richtigen Straßenseite (Linksverkehr) wartet. Die Busse halten nicht automatisch; man muss also winken, wenn sie sich nähern. Auch zum Aussteigen hält der Fahrer nicht selbstverständlich. Die Seychellois rufen deshalb »devan«, wenn sie an der nächsten Haltestelle aussteigen möchten.

Mit dem Taxi

Taxen gibt es auf Mahé, Praslin und begrenzt auch auf La Digue. Die Preise sind denen in Deutschland vergleichbar. Obwohl inzwischen jedes Taxi einen Taxameter besitzt (Vorschrift), werden diese – besonders gern bei Ausländern – nicht unbedingt angestellt. Man vereinbart am besten vor der Abfahrt den Fahrpreis oder besteht auf dem Anschalten des Taxameters.

Der Haupttaxistand in Mahé, an dem immer Wagen zu finden sind, liegt im Zentrum von Victoria an der Albert Street in der Nähe des Clock Tower. Taxen sind auch immer am Flughafen bei Ankunft internationaler Maschinen verfügbar. An den großen Hotels auf Mahé warten meist Taxen auf Kunden; ansonsten muss man sich an der Rezeption einen Wagen telefonisch bestellen lassen. Dort kann man auch die ungefähren Preise erfahren.

Tipp Wenn Sie einen Fahrer finden, der Ihnen zusagt, lassen Sie sich seine Privattelefonnummer geben, um ihn bei Bedarf direkt anzurufen.

Mit dem Mietwagen

Es gibt eine ganze Reihe von Leihwagen *(Car Hire)*-Firmen auf Mahé ebenso wie auf Praslin. Einige sind bereits bei der Ankunft der internationalen Flugzeuge am Flughafen zur Stelle, viele schicken auch ihre Vertreter in die großen Hotels, wo sie jeden Morgen in der Lounge ihre manchmal etwas älteren Autos anbieten. Ansonsten genügen ein Blick in den Branchenteil des Telefonbuchs und ein kurzer Anruf, um zu einem Leihauto zu kommen.

Die beliebtesten Typen sind Suzuki Samurai und Mini Moke, wobei der letztere auch am billigsten ist (ca. 60 €/Tag). Bei all dem Fahrspaß, den man mit diesem an allen Seiten offenen Vehikel haben kann, sollte man auch seine Nachteile nicht verschweigen: Bei Regengüssen, mit denen immer zu rechnen ist, wird der ganze Fahrgastraum manchmal regelrecht überschwemmt. Außerdem besitzen die Mini Mokes nur eine kleine verschließbare Box zum Verstauen von Sachen.

Zum Anmieten eines Fahrzeuges muss man den nationalen Führerschein vorlegen (EU-Modell) und die Leihsumme im Voraus entrichten (mit Kreditkarte möglich). Darin ist im Allgemeinen die Haftpflicht eingeschlossen; zusätzliche Versicherungen (Vollkasko – dringend empfohlen!, Insassenversicherung überflüssig) kosten extra.

Die Wagen werden so gut wie immer mit einem Minimum an Benzin übergeben, so dass die erste Fahrt sogleich zur nächsten Tankstelle (Öffnungszeiten: tgl. ca. 7–19 Uhr) führen muss. Auf Mahé gibt es insgesamt nur sechs Zapfstellen. Sie befinden sich in Victoria, an der Beau Vallon Bay, am Flughafen, an der Anse Royale, im Ort Baie Lazare und beim Mahé Beach Hotel. Auf Praslin sind zwei Tankstellen vorhanden (in Grand Anse und Baie Ste. Anne).

Auf den Seychellen herrscht Linksverkehr. Zunächst ist man besonders beim Einbiegen in andere Straßen versucht, auf die rechte Fahrspur zu wechseln – hier ist große Vorsicht geboten. Die Geschwindigkeitsbegrenzungen sind innerhalb der Ortschaften auf 40 km/h, sonst auf 65 km/h festgelegt. Ausnahmen werden durch Schilder angezeigt. Es besteht Anschnallpflicht.

Mahé verfügt über ein gut ausgebautes Netz an asphaltierten Straßen, nur sind sie meistens so schmal, dass gerade zwei Fahrzeuge nebeneinander passen. Dazu kommt, dass in den Ortschaften Bürgersteige fehlen, so dass man die Straßen mit Fußgängern und Schulkindern teilen muss. Vor allem am Abend ist auf Spaziergänger zu achten. Zudem ist es nicht ungewöhnlich, dass hinter der nächsten Biegung ein parkendes Auto den Weg versperrt oder es gilt, einem Hund oder einer Schar Hühner auszuweichen. Wer nach dem Motto fährt: Ich bin im Urlaub und habe es nicht eilig, wird mit den Verkehrsverhältnissen gut fertig werden.

Beim Parken in einigen Straßen im Zentrum von Victoria ist eine Gebühr zu entrichten in Form von Park-Coupons, die man im Wagen befestigen und mit der Ankunftszeit markieren muss. Park-Coupons werden in Geschäften, Tankstellen und bei den Verleihfirmen verkauft.

Mit dem Fahrrad

Auf La Digue ist das Fahrrad das Hauptverkehrsmittel für Einheimische ebenso wie für Touristen. Auch auf Praslin kann man sich mit dem Fahrrad gut fortbewegen (s. S. 36 f.).

Vorsicht, Langfinger!

Lassen Sie generell nichts offen im Wagen liegen. Langfinger gibt es auch auf den Seychellen – nicht zuletzt dort, wo man glaubt, ganz alleine zu sein!

Seite 55

Mahé

Lagunen, Künstler, Kokospalmen

***Beau Vallon Bay → Victoria → Anse Royale → *Grand Anse → *Beau Vallon Bay (60 km)**

Die Ansicht vieler Einheimischer, dass die Seychellen eigentlich aus Mahé bestehen, ist nicht so ganz von der Hand zu weisen. Schließlich lebt auf dieser 154 km² großen Insel fast die gesamte Bevölkerung (90 %). Auf Mahé befinden sich die Hauptstadt Victoria mit Regierung und Verwaltung ebenso wie der internationale Flughafen, hier gibt es den einzigen Tiefseehafen, weiterführende Schulen sowie einige Industriebetriebe. Feste, sportliche oder kulturelle Ereignisse finden überwiegend auf der Hauptinsel statt, wo auch die größten Hotels und damit die meisten Touristen sind. Mit einem Wort: Auf Mahé schlägt der Puls der Seychellen – der Tropenhitze entsprechend eher gemächlich. Wer Abwechslung und Unterhaltung liebt, ist hier am besten aufgehoben.

Natur der Kontraste

Die Landschaft bietet ein sehr kontrastreiches Bild. Steil steigt die Granitinsel aus dem Meer. Jahrmillionen haben an ihr gehobelt, ihre Konturen abgerundet und dabei die puderweichen, in Buchten eingelagerten Sandstrände entstehen lassen. Eine üppige Vegetation bedeckt die ganze Insel und reicht hinauf bis auf 900 Meter Höhe.

Fast alle bewohnten Gegenden, die sich hauptsächlich in Küstennähe befinden, sind durch ein gut ausgebautes Straßennetz erschlossen und mit dem öffentlichen Bus zu erreichen. Wer die Insel jedoch nach eigenem Zeitplan erkunden möchte, wird einen Wagen mieten. Die etwa 60 km lange Tour rund um Mahé ist mit dem Auto leicht an einem Tag zu schaffen.

*Beau Vallon Bay ❶

Schon der inoffizielle Name (»Schöntälchenbucht«) klingt verheißungsvoll, und tatsächlich zählt diese Bucht im Nordwesten Mahés zu den schönsten und beliebtesten der Insel. Mehrere Kilometer lang, schmiegt sie sich in weitem Bogen an einen steilen Berghang. Makellos weiß ist der Sand, der sich bis ins tiefe, von keinen Felsen unterbrochene Wasser fortsetzt. Kokospalmen und Takamakabäume recken ihre Kronen weit über den Strand und spenden Schatten, den man angesichts der prallen Tropensonne zu schätzen weiß.

Seite 55

Parasailing an der Beau Vallon Bay

Durch die landeinwärts vorbeiführende Hauptstraße nicht gestört, aber gut zu erreichen, entwickelte sich die Bucht zum touristischen Mittelpunkt von Mahé. Hier wurde das allererste Strandhotel errichtet; heute sind es deren drei, und in der Umgebung kommen laufend kleinere Unterkünfte wie auch Restaurants dazu. Trotzdem ist der Strand erstaunlicherweise nicht überlaufen, obwohl auch viele Seychellois gerne zum Baden hierher kommen.

Keine Wünsche lässt die von den Hotels und kleinen Unternehmen angebotene Wassersportpalette offen: Man kann Katamarane und Surfboards leihen, zu Tauch- und Hochseeangelausflügen starten, am Schleppfallschirm über dem Strand schweben, Wasserski fahren oder mit einem Glasbodenboot zum Schnorcheln ausrücken. In der Zeit zwischen Dezember und März, wenn der Nordwestmonsun direkt in die Bucht bläst und manchmal eine eindrucksvolle Brandung aufbaut, macht es Spaß, in den Wellen zu toben oder sich mit einem kleinen Board im Body-Surfing (Wellenreiten) zu versuchen.

Berjaya Beau Vallon Bay Beach Resort, Beau Vallon, Tel. 28 72 87, Fax 24 79 43; www.seychelles.net/berjaya. Großes Strandhotel mit vielen Sportmöglichkeiten. ○○○

- **Coral Strand Hotel,** Beau Vallon, Tel. 62 10 00, Fax 24 75 17; www.coralstrand.com. Strandhotel mit vielen Unterhaltungsangeboten. ○○
- **Sun Resort,** Beau Vallon, Tel. 28 55 55, Fax 24 72 24; E-Mail: sun@seychelles.net. Kleine Anlage rund um einen Pool, etwas abseits vom Strand. Restaurant. ○○
- **Le Pti Payot Guest House,** Mare Anglaise, Beau Vallon, Tel. 26 14 47, Fax 26 10 94; loulou@seychelles.net. Gemütliche Selbstversorgerbungalows in schönem Garten. ○○

La Perle Noire, nahe Coral Strand Hotel, Tel. 62 02 20. Kreolische und internationale Küche. ○○○

- **Bord do Mar,** Beau Vallon Bay, nahe Baobab Pizzeria, Tel. 24 77 22. Sehr gute kreolische Küche, Fr geschl. ○
- **Baobab Pizzeria,** direkt am Strand von Beau Vallon, Tel. 24 71 67. Italienische Gerichte, besonders preisgünstig, Di geschl. ○

Abstecher zur Anse Major ❷

Etwas oberhalb der Bucht liegt die Ortschaft **Beau Vallon** mit einer Tankstelle und einer kleinen Bankfiliale. Dort zweigt eine Straße nach Westen zum Nachbarort **Bel Ombre** ab, dessen Kirchturm gut sichtbar über die Palmenwipfel ragt.

Tipp Wenn Sie den Alltag der Seychellois kennen lernen wollen, nehmen Sie doch einfach an einem Gottesdienst teil. Die Sonntagsmessen der Kirche St. Roch in Bel Ombre sind immer sehr gut besucht. Die Termine erfahren Sie an der Rezeption Ihres Hotels.

Seite 55

Zur kleinen Anse Major gelangt man nur zu Fuß oder per Boot

In **Danzilles** endet die Fahrstraße. Bis hierhin kann man auch mit dem häufig fahrenden öffentlichen Bus gelangen.

Tipp An der Küste führt bis zur Bucht von **Anse Major** ein abwechslungsreicher Fußweg (s. S. 60). Diese leichte Wanderung ist sehr zu empfehlen, gewährt sie doch herrliche Blicke zurück auf die Beau-Vallon-Bucht und endet nach ca. eineinhalb Stunden an der malerischen Anse Major, die zum Baden und Schnorcheln einlädt.

Der Schatz von La Buse

Zu Beginn des 18. Jahrhunderts trieb der Pirat Olivier Levasseur sein Unwesen im Indischen Ozean und fügte der Handelsschifffahrt großen Schaden zu. Wegen seiner überraschenden, blitzartigen Überfälle wurde er »La Buse«, der Bussard, genannt. Man nimmt an, dass Piraten die Seychellen bereits vor deren offizieller Entdeckung kannten und regelmäßig aufsuchten, um Trinkwasser zu tanken und ihre Schiffe zu überholen. Die ominösen Gebäudereste auf Frégate (s. S. 83) werden ihnen zugeschrieben. Warum sollte La Buse bei einem Besuch nicht auch seine kostbare Beute irgendwo auf den Inseln vergraben haben?

Geschichtlich verbürgt ist jedenfalls, daß Olivier Levasseur im Jahre 1730 von französischen Militärs gefangen genommen und auf La Réunion zum Tode verurteilt wurde. Als der Henker die Schlinge um seinen Hals legte, soll La Buse einen Plan aus der Hosentasche gezogen und mit den Worten »Wer ihn entziffert, soll meinen Schatz haben« in die Menge geworfen haben. Das Grab von La Buse ist heute noch auf dem Friedhof von St. Paul auf La Réunion zu sehen.

Zu Beginn des 20. Jahrhunderts tauchte der angebliche Plan von La Buse auf den Seychellen auf, und man deutete eine gewisse Stelle in Bel Ombre auf Mahé als den gesuchten Platz, zumal sich rätselhafte Zeichen an den Felsen erkennen ließen. Als man aber nichts weiter als Scherben und einige Gebeine ausgrub, wurde die Suche nach dem Schatz schnell wieder aufgegeben.

Erst der Engländer Reginald Cruise-Wilkins nahm sich der Sache wieder an, als er 1948 auf die Seychellen kam. Den Rest seines Lebens widmete er der Suche nach dem Schatz in Bel Ombre sowie nach Geldgebern, die er immer wieder aufzutreiben vermochte. Inzwischen ist der Sohn in die Fußstapfen seines Vaters gestiegen und verfolgt nun das Vorhaben nachhaltig weiter.

Seite 55

Le Méridien Fisherman's Cove, Bel Ombre, Tel. 67 70 00, Fax 62 09 00; www.fishcove.lemeridien.com. Luxuriöse Anlage, 2004 nach Renovierung neu eröffnet, schickes Spa. ○○○

Le Petit Village, Bel Ombre, Tel. 28 49 69, Fax 24 77 71; www.lepetitvillage.com. Nette Selbstversorgerunterkunft am Strand. ○○

La Scala, Danzilles, Tel. 24 75 35. Sehr gute Küche; nur Abendessen, schöne Lage; So und im Juni geschl. ○○○

Le Corsaire, Bel Ombre, Tel. 24 71 71. Internationale und kreolische Küche; nur Abendessen; Mo geschl. ○○

St. Louis Road ❸

Die belebteste Straße von Mahé ist die St. Louis Road zwischen der Beau Vallon Bay und Victoria. Von morgens bis abends sind Autos, Taxis, Busse, Mopedfahrer und Fußgänger unterwegs. Zunächst schlängelt sie sich in engen Kurven den Berg hinan zu der im Wald verstreuten Ortschaft Pascal Village. Auf halber Höhe weist ein Schild auf der rechten Seite auf das Atelier **Yellow Gallery** des Bildhauers Antonio Filippin (s. S. 28) hin. Der Deutsch sprechende Italiener führt Besucher durch seine Ausstellungsräume, wo er auch Werke einheimischer Nachwuchskünstler zeigt. Hinter der Bergkuppe geht es in einigen Kurven direkt nach Victoria hinein.

Victoria ❹

Die Hauptstadt der Seychellen ist mit ihren zwei Dutzend Straßen und Gassen zwar eine der kleinsten der Welt, gehört aber allein schon wegen ihrer bevorzugten Lage sicherlich zu den charmantesten. Im Westen von steilen Berghängen eingeschlossen, die bis auf 699 m (Trois Frères) ansteigen, öffnet sie sich auf der östlichen Seite zum Hafen und dem blauen Meer mit den vorgelagerten Inseln des Sainte Anne Marine National Park.

Ihre Gründung geht auf einige französische Soldaten zurück, die 1778 im Auftrag der Kolonialmacht von Mauritius herüberkamen und hier ihr Camp errichteten. Unter britischer Herrschaft erhielt die Ansiedlung zu Ehren der damaligen Königin ihren heutigen Namen Victoria.

Wie lange wird der koloniale Charme Victorias wohl noch erhalten bleiben? Schon sprießen hier und dort nüchterne Betonblocks aus dem Boden, auch der Autoverkehr nimmt immer mehr zu. Es wurden bereits die erste Fußgängerzone (Market Street) sowie gebührenpflichtige Parkzonen eingerichtet. Doch sobald um 17 Uhr

Kleine Hauptstadt

Der Stadtkern besteht noch weitgehend aus Holzhäusern des frühen 20. Jahrhunderts. Mit ihrem bunten Anstrich, den Fensterläden, Balustraden und den verspielten Wellblechdächern entsprechen sie genau der Vorstellung, die man sich von einer tropischen Kleinstadt macht.
Im Erdgeschoss der Häuser befinden sich überwiegend Büros und Geschäfte, hauptsächlich indische und chinesische Krämerläden, in denen es nach Gewürzen duftet und wo man alles kaufen kann, was auf den Inseln gebraucht wird.

Seite 49

Victoria hat sich den Charme früherer Zeiten noch bewahrt

der Geschäftsschluss naht, verlässt alles auf einen Schlag die Stadt, und nach Sonnenuntergang ist Victoria praktisch menschenleer bis auf einige Nachtschwärmer, die noch eines der Restaurants, das Deepam-Kino in der Albert Street oder die Barrel-Diskothek in der Revolution Ave. besuchen.

**Markt Ⓐ

Mitten in der Stadt liegt im Schatten eines großen Mangobaumes der Markt, auf dem an jedem Werktag (Mo bis Fr 5.30–17.30 Uhr, Sa 5.30 bis 12 Uhr) angeboten wird, was auf den Seychellen gedeiht: Bananen, Papayas, Limonen, Mangos, Jamalak, Passionsfrüchte, Guaven, Auberginen, Brotfrüchte, Süßkartoffeln, Maniok, Chilis, Vanillestangen und andere Gewürze. Fertig abgepackt und gleich mit Rezept (in den verschiedensten Sprachen) werden die für Currygerichte notwendigen Zutaten angeboten. Wie groß und vielfältig das Angebot an Fischen ausfällt, kann man am besten hier studieren, besonders, wenn am Morgen und nochmals gegen 15 Uhr der frische Fang angeliefert wird. Ein weiterer Teil des Marktes ist für handwerkliche Arbeiten reserviert; dort findet man Hüte, Körbe, Schnitzereien und allerlei Andenken ebenso wie T-Shirts und Postkarten.

Cathédrale de l'Immaculée Conception Ⓑ

Die 1892 erbaute katholische Kirche musste wegen Baufälligkeit Mitte der 1990er Jahre umfangreich renoviert werden. Die Neugestaltung geht auf den einheimischen Architekten Gilbert Frichot zurück, der auch das Allamanda Hotel (s. S. 56) entworfen hat. Der imposante, aus schwarzem Seychellengranit gefertigte Altar musste z. B. auseinander geschnitten werden, da er anders nicht in das Gebäude hineinzubringen war. Sehenswert sind die teils alten, teils neu ergänzten Kir-

Seite 49

Der Hindutempel

chenfenster, deren brillante Farben bei Sonne besonders zur Geltung kommen. Unweit des geschäftigen Marktplatzes ist es ein besinnlicher, erholsamer Ort. Insbesondere Frauen suchen zwischen den Einkäufen häufig die beiden Marienstatuen rechts und links der Kirche auf, um Zwiesprache zu halten oder ein paar Blumen niederzulegen – die Marienverehrung wird auf den Seychellen groß geschrieben. Der separat hinter der Kirche stehende Glockenturm wurde 1898 errichtet; das mehrstöckige, mit Arkaden versehene, als Priesterwohnheim dienende **Kapuzinerhaus** daneben erst 1933.

Hindutempel Ⓒ

Die wenigen hinduistischen Einwohner auf Mahé haben seit 1992 einen eigenen Tempel in der Quincy Street. Man darf die farbenprächtige Anlage betreten, wenn man am Eingangstor die Schuhe auszieht.

Tipp In **Christy's Art Gallery** neben dem Hindutempel werden Werke einheimischer Künstler ausgestellt und verkauft.

Alter Friedhof Ⓓ

Auf dem schon sehr verfallenen Friedhof am Anfang der Bel Air Road sind die ersten Bürger aus der Gründerzeit

Unverkennbar britisch: Der Clock Tower

Victorias begraben. Unter ihnen ruht auch der Korsar Jean François Houdoul, der gegen Ende des 18. Jahrhunderts im Auftrag der französischen Regierung britische Handelsschiffe aufbrachte und seinen so erworbenen Reichtum auf den Seychellen anlegte. Der Friedhof von Bel Air gehört zu den nationalen Denkmälern der Seychellen, was aber die Waschfrauen am vorbeifließenden St.-Louis-Bach nicht davon abhält, an Mauern und Grabsteinen ihre Wäsche aufzuhängen.

An der Independence Avenue

Der **Clock Tower** Ⓔ ist eine Kopie des Uhrturms an der Vauxhall Bridge Road in London. Der gut 8 m hohe Turm wurde 1903 errichtet, als man die Seychellen zu einer eigenständigen englischen Kronkolonie erklärte. Das mechanische Uhrwerk wird wie eh und je von Hand aufgezogen.

An die Einführung des Zimts im 18. Jh. erinnert die in der Nähe des Uhrturms stehende Büste von Pierre Poivre (s. S. 22), die die Seychelles Society 1972 aufstellen ließ.

Wer es nicht schafft, das von zwei Kanonen flankierte **Natural History**

Museum Ⓕ zu besuchen, hat nicht allzuviel versäumt. Immerhin gibt es in dem 2004 renovierten Museum eine kleine Auswahl präparierter Riesenland- und Meeresschildkröten, Seychellennüsse, Schneckengehäuse, Modelle von Fischen, Vögeln und anderen Kleintieren zu sehen (Mo–Fr 8.30–16.30 Uhr, Sa 8.30 bis 12 Uhr).

An der Kreuzung mit der 5th June Ave. fällt eine drei Vögeln ähnelnde Plastik auf: das **Bicentennial Monument** Ⓖ. Es symbolisiert die Kontinente Europa, Asien und Afrika, aus denen die meisten Seychellois stammen.

National Museum Ⓗ

In einem schönen alten Gebäude vor dem State Park wurde 1996 das Museum für Landesgeschichte eröffnet. Bisher zählen alte Landkarten, Pläne, Feuerwaffen, Gebrauchsgegenstände und Musikinstrumente aus früheren Zeiten sowie der Stone of Possession (s. S. 25) zu den Ausstellungsstücken, weitere Exponate sollen in absehbarer Zukunft folgen (Mo bis Fr 8.30–16.30 Uhr, Sa 8.30– 12 Uhr).

State House Ⓘ

Das im Park gelegene Präsidialamt wurde zu Beginn des 20. Jahrhunderts als Wohnsitz des jeweiligen Gouverneurs errichtet. Heute dient das Ge-

- Ⓐ Markt
- Ⓑ Cathédrale de l'Immaculée Conception
- Ⓒ Hindutempel
- Ⓓ Alter Friedhof
- Ⓔ Clock Tower
- Ⓕ Natural History Museum
- Ⓖ Bicentennial Monument
- Ⓗ National Museum
- Ⓘ State House
- Ⓙ Botanischer Garten

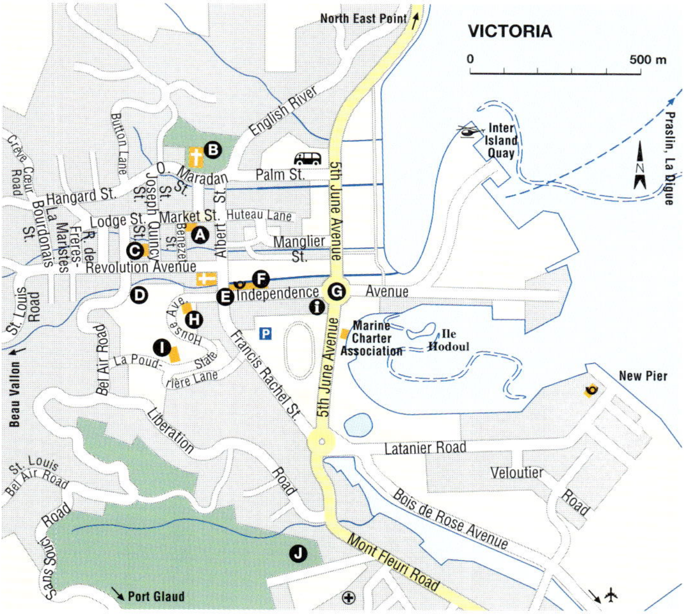

Seite 49

bäude Repräsentationszwecken. Im Park liegt die Grabstätte Quéau de Quinssys, des ersten und zugleich letzten französischen Inselverwalters. Eine Besichtigung des State House bzw. des Parks ist nur in Form einer Führung möglich – kontaktieren Sie eine der örtlichen Reiseagenturen.

Botanischer Garten ❶

Lohnend ist der Besuch des kleinen Gartens an der Mont Fleuri Road im Süden Victorias, nicht zuletzt, um sich eine Erholung im Schatten zu gönnen (tgl. 9–17 Uhr).

Es wird eine Eintrittsgebühr erhoben, und man kann eine interessante Broschüre mit Beschreibungen der dort wachsenden einheimischen sowie importierten Baumarten erwerben. Gleich am Eingang stehen einige Seychellennusspalmen, rechts im hinteren Teil gibt es einen Orchideengarten und geradeaus am Berg das nette kleine Imbissrestaurant **Le Sapin** (So geschl.).

Seychelles Tourist Office, Independence House, Independence Avenue, Tel. 61 08 00, Fax 61 08 01; Mo–Fr 8–17 Uhr, Sa 9–12 Uhr. Hier sind Informationen zu Unterkünften und Fährverbindungen, u. a. auch Busfahrpläne und Wanderbroschüren erhältlich.

Busbahnhof: Palm Street.
Taxen stehen in der Independence Avenue (vor Barclay's Bank) und in der Albert Street (beim Clock Tower).
Fährverbindungen: Vom Inter Island Quay aus verkehren die Fährboote nach Praslin (s. S. 64 ff.) und La Digue (s. S. 76 ff.). Im einfachen Restaurant **Le Marinier** (Tel. 22 49 37; ❍) direkt an der Ablegestelle kann man die Wartezeiten mit einer Erfrischung oder einem Imbiss überbrücken.
Hochseeschiffe, Frachter und Kreuzfahrtschiffe legen am New Pier an.
Von der Anlegestelle der Marine Charter Association direkt an der 5th June Avenue starten im Allgemeinen die von den örtlichen Reiseunternehmen durchgeführten **Ausflugsfahrten** zum Ste. Anne Marine National Park (s. S. 51 f.).
Der **Helistop Victoria** ist der Hubschrauberlandeplatz von Helicopter Seychelles (Tel. 38 58 58). Er ist Ausgangspunkt für Transfers auf andere Inseln und Rundflüge über Mahé (s. S. 40).

Direkt in Victoria gibt es keine Unterkünfte für Touristen, einige kleine Hotels liegen in der näheren Umgebung, z. B. **Hotel Bel Air,** Bel Air, Tel. 22 44 16, Fax 22 49 23. Haus im Kolonialstil mit familiärer Atmosphäre, ca. 15 Min. zu Fuß vom Zentrum. ❍❍

Marie Antoinette, St. Louis, Tel. 26 62 22. Gute kreolische Küche in der dazu passenden Umgebung. Reservierung empfehlenswert. So geschl. ❍❍

- **Pirates Arms,** Independence Avenue, Tel. 22 50 01. Kreolische und internationale Küche. So geschl. ❍❍
- **News Café,** Albert Street, Tel. 32 29 99. Direkt in der Einkaufsmeile, europäische Küche, So geschl. ❍❍
- **Sam's Pizzeria,** Francis Rachel Street, Tel. 32 24 99. Frische Pizza mitten in Victoria. ❍
- **Double Click,** Maison La Rosière, Palm Street, Tel. 61 05 90. Auch Internet-Café, beliebt bei jungen Leuten. ❍

An den Ständen am Clock Tower, in der Francis Rachel Street, kann man nach mehr oder weniger

Seite 49/55

authentischen Souvenirs Ausschau halten. Eine gute Adresse für kunsthandwerkliche Produkte ist **CODEVAR** in der im Kolonialstil erbauten Camion Hall (Albert Street). In diesem Gebäude gibt es auch einen Optiker, eine Parfümerie, einen kleinen Laden, der sich auf Knöpfe aus Kokosnüssen, Muscheln und Schneckengehäusen spezialisiert hat, sowie das Juweliergeschäft **Kreol'Or** mit Schmuckstücken, in denen Gold zusammen mit Muscheln und Schneckengehäusen geschmackvoll verarbeitet wurde.

- Eine Reihe von Boutiquen findet man in der Independence Avenue, u. a. den **Antik Colony Shop** (im Hof des Pirates Arms Gebäudes), in dem u. a. Tees, Gewürze und diverse Kleinigkeiten in ansprechendem Nostalgie-Look verpackt und entsprechend teuer verkauft werden.
- Bücher und Kassetten etc. sind in der Buchhandlung **Antigone Trading Book Shop,** Victoria House Arcades (beim National Museum), erhältlich.

Tipp Gutes italienisches Eis (nur Ladenverkauf) gibt es in der **Gelateria Paradiso** in einer kleinen Seitenstraße am westlichen Ende der Revolution Avenue.

Ausflug zum Ste. Anne Marine National Park ❺

Der Marine National Park erstreckt sich rund um die fünf vorgelagerten Inseln **Ste. Anne, Cerf, Longue, Moyenne** und **Ronde.** Der Fischreichtum des Meeresnationalparks ist besonders groß, weil die Tiere zum Teil gefüttert werden. Für die Exkursionen wird ein Boot mit einem verglasten, tiefen Rumpf benutzt, in dem die Passagiere sitzen und seitlich in die Unterwasserwelt hinausschauen können; eine eindrucksvolle und bequeme Art, sich mit dem Meeresleben der Seychellen vertraut zu machen. Bei den von den örtlichen Reiseveranstaltern organisierten Ausflügen sind in

Brendon Grimshaws Insel

Wie ihr Name vermuten lässt, liegt **Moyenne** mitten in der Inselgruppe des Ste. Anne Marine National Park (s. o.). Ein Wanderweg führt durch das nur 0,1 km² messende, dicht bewachsene, hügelige Eiland; man trifft auf Piratengräber und schöne Aussichtspunkte. Zur Einkehr verführt das gute Inselrestaurant Maison Moyenne, bei dem auch schon mal eine Riesenlandschildkröte vorbeikommt, um die Gäste zu begrüßen oder auch nur, um zu sehen, ob vielleicht ein Stück Papaya abfällt. Obwohl viele Fremde Moyenne besuchen, fühlt man sich hier wirklich als Gast – nicht zuletzt, weil der Inselbesitzer Brendon Grimshaw jeden Besucher als solchen behandelt. Zudem versteht er es, seine Gäste mit kurzweiligen Geschichten zu unterhalten. Diese handeln von Piraten, von Inselgeistern, die sich nicht nur um Mitternacht bemerkbar machen, oder von jenem Schatz, der auf Moyenne versteckt sein soll. Man erfährt auch, dass Grimshaw selbst beim Versuch, danach zu graben, eine gründliche Warnung erhalten hat – in Form zweier herabfallender Kokosnüsse. Seitdem hat er den Spaten nicht mehr angerührt.

Seite 55

der Regel ein Schnorchelgang und der Besuch einer der drei Inseln Cerf, Ronde oder Moyenne zum Mittagessen vorgesehen. Inzwischen gibt es auf den Inseln Sainte Anne und Cerf auch Unterkünfte.

Sainte Anne Resort, Tel. 29 20 00, Fax 29 20 01; www.sainteanne-resort.com. Neues Luxushotel mit 80 Villen. ○○○

Cerf Island Marine Park Resort, Tel. 29 45 00, Fax 29 45 11, www.cerf.sc. 16 exklusive Zimmer auf Cerf Island. ○○○

L'Habitation des Cerfs, Tel. 32 31 11, Fax 32 13 08, habicerf@seychelles.net. Ehemaliges Pflanzerhaus mit zehn Gästezimmern; Restaurant mit kreolischen Spezialitäten. ○○

Die Ostküste

Südliche Vororte von Victoria

Um Victoria in Richtung Süden zu verlassen, nehmen Eilige die Bois de Rose Avenue zum Providence Highway. Diese und das nördlich anschließende Gelände mit dem **Hafen** von Victoria entstanden durch künstliche Landgewinnung Ende der 1980er Jahre. Am New Pier können Schiffe mit einem Tiefgang von maximal 11,5 m und einer Länge bis zu 200 m (Kreuzfahrtschiffe, Tanker) anlegen. Von Victoria aus besteht ein regelmäßiger Frachtverkehr nach Singapur und Südafrika. Importiert werden z. B. Kraftstoff, Geräte und Maschinenteile. In den Export gehen Zimtrinde, Kopra und Thunfisch. Der Hafen ist meistens mit Fischtrawlern belegt, die ihren Fang auf Kühlschiffe umladen. Jachten können im Hafenbecken vor der Marine Charter Association ankern.

Auf der alten Straße Richtung Flughafen, der Mont Fleuri Road, kommt

Über den Hafen von Victoria wird der Im- und Export abgewickelt

man am **Botanischen Garten** vorbei (s. S. 50). Gleich daneben befindet sich das zentrale **Krankenhaus** der Seychellen. Das von einer breiten Veranda umgebene ehemalige Hauptgebäude ist ein sehenswertes Beispiel kolonialer Architektur.

Wer an zeitgenössischer Malerei interessiert ist, sollte unbedingt beim **Atelier** von Gerard Devoud (s. S. 29) vorbeischauen (Mo–Fr 9 bis 16 Uhr). Ansprechende Souvenirs für jeden Geldbeutel sind gegenüber in der Töpferei **Seypot** (Mo–Fr 8–16 Uhr) zu erwerben. Man kann außerdem einen Blick in die Werkstatt werfen und die Entstehung der Keramiken verfolgen.

Petit Paris und Cascade

Man passiert die Ansiedlung **Petit Paris,** die selbst mit Mühe nicht die geringste Ähnlichkeit mit der französischen Hauptstadt erkennen lässt. Weitaus attraktiver stellt sich der Nachbarort **Cascade** dar: eine weite Bucht, Fischerboote, ein kleiner Markt, ein Bach, der von hohen Felsen ins Meer stürzt, sowie die über der Küste thronende Kirche St. Andrew's.

Seite 55

Töpferwaren sind ein beliebtes Mitbringsel

Flughafen ❻

Bald erreicht man den Flughafen mit dem Inter-Island Terminal für Inlandsflüge und der daneben liegenden großen Abflughalle des International Airport, die nur zum Leben erwacht, wenn eine Interkontinental-Maschine startet oder landet.

Der Bau des Flughafens wurde 1969 in Angriff genommen. Da sich auf der bergigen Insel Mahé kein geeignetes Gelände fand, schüttete man die Lagune an der Pointe Larue vor der Ostküste zu und gewann so Land für eine gut drei Kilometer lange Startbahn. 1972 übernahm Königin Elisabeth die offizielle Einweihung. Ohne diesen Flugplatz wären die Seychellen als selbstständiger Staat kaum überlebensfähig gewesen, auch der Tourismus hätte ohne ihn nicht entwickelt werden können. Bankschalter in der Vorhalle haben bei der Ankunft von Auslandsflügen geöffnet. Seinen Benzinvorrat kann man in der Tankstelle gleich gegenüber ergänzen.

Abstecher zur Insel Anonyme ❼

Das direkt vor dem Flughafen liegende Granitinselchen hat jeder Flugreisende schon einmal von oben gesehen. Die Gewässer um die 10 ha große Privatinsel sind als schöne Schnorchelgebiete bekannt.

Besuchern sei neben dem Hotel auch das Restaurant empfohlen, das einen herrlichen Blick auf die Ostküste von Mahé gewährt. Fähren von und nach Mahé verkehren nach Vereinbarung, Tel. 38 01 00.

Anonyme Resort, Tel. 38 01 00, Fax 37 35 51, www.anonyme.sc. Sechs Luxussuiten und eine Präsidentensuite mit Privatstrand und eigenem Swimmingpool, Tennisplatz. Sehr beliebt, Reservierung empfohlen. ❍❍❍

Reef Golf Club ❽

Ein Stückchen weiter südlich liegt direkt an der Küstenstraße der ältere 9-Loch-Golfplatz der Seychellen, der einzige auf Mahé, auf dem auch Gastspieler durchaus willkommen sind. Die Ausrüstungen gibt es problemlos im Klubhaus zu leihen (Tel. 37 62 34). Der Kurs verfügt zwar nur über neun Löcher, erstreckt sich aber sehr attraktiv zwischen Kokospalmen. Ein Schild am Eingang warnt vor herabfallenden Nüssen.

Seite 55

*Craft Village (Vilaz Artizanal) ❾

Kurz nach der Abzweigung der Montagne Posée Road weist ein Schild auf das Kunsthandwerkerdorf hin. Mittelpunkt dieser Anlage ist ein renoviertes und mit Möbeln aus der Zeit der Wende vom 19. zum 20 Jh. ausgestattetes Kolonialhaus, das einen Eindruck vom Lebensstil einer reichen Pflanzerfamilie vermittelt (tgl. 8 bis 16 Uhr). Rund um das alte Haus steht ein Dutzend Pavillons, die an diverse Kunsthandwerker vermietet sind. Diesen kann man beim Tischlern, Schnitzen, Flechten und Schneidern über die Schulter schauen. Die fertigen Erzeugnisse sind gleich an Ort und Stelle zu erwerben (Mo–Fr 8–16 Uhr).

Zur Anlage gehört auch das ansprechende Restaurant **Vye Marmit** (zu deutsch: alter Kochtopf) mit einer großzügigen Veranda, Tel. 37 61 55; So geschl. ❍❍

La Marine Ltd. und Ökomuseum ❿

Etwas weiter südlich liegt direkt an der Straße die Schiffsmodellwerkstatt **La Marine Ltd.** Man kann zuschauen, wie Modelle von Segelschiffen *(maquettes)* vergangener Jahrhunderte in kunstvoller Handarbeit entstehen – in den großen Exemplaren stecken bis zu 1500 Arbeitsstunden. Die fertigen Maquettes kosten zwischen 1500 und 25 000 SR (Mo–Fr 7.30–17 Uhr, Sa 8 bis 15.30 Uhr).

Die Werkstatt liegt auf dem Gelände der ehemaligen Plantage La Plaine Saint André. Hier errichtet das Kultusministerium ein **Ökomuseum,** das vor allem die ökologischen Aspekte des Pflanzerlebens vor zweihundert Jahren demonstrieren soll. Das Projekt erhält von Frankreich finanzielle Unterstützung. Alle Bauten einschließlich der Wirtschaftsgebäude mit ihren Einrichtungsgegenständen werden Zug um Zug wieder aufgebaut und hergerichtet. Di–Fr 10–17 Uhr, Sa/So 13–17 Uhr, Tel. 37 18 78.

Anse Royale ⓫

Die erste – und sehr gute – Möglichkeit zum Schwimmen besteht am Anfang der Ortschaft Anse Royale. Parken Sie Ihr Fahrzeug am besten direkt am Strand (gegenüber der Tankstelle). Von hier aus sind es nur wenige Schritte bis zum Wasser, das von einem Korallenriff geschützt ist und schnell auf etwa drei Meter Tiefe abfällt.

Kaz Kreol, Anse Royale, Tel. 37 16 80. Sollten Sie eine kleine Stärkung benötigen, bietet sich die schattige Terrasse dieses beliebten Restaurants an. Die Speisekarte offeriert typisch kreolische Gerichte. Mo geschl. ❍

Der Name Anse Royale für die Bucht und Ortschaft geht zurück auf den »Jardin du Roi«, den Königlichen Garten, welchen die Franzosen 1772 in dieser Gegend anlegten, um den Gewürzanbau zu entwickeln (s. S. 22). Der Garten war damals die allererste Siedlung auf Mahé, das Dorf Anse Royale kann somit auf die längste Geschichte eines Ortes der Seychellen zurückblicken.

*Jardin du Roi ⓬

Man biegt rechts in die Les Cannelles Road ein, bald danach geht es links ab (Hinweisschilder an der Straße). Der Abstecher zu dem ehemaligen Pflanzeranwesen ist lohnend für alle, die Gewürze wie Nelken, Zimt, Vanille, Pfeffer, Ingwer und Muskatnuss noch nie als Pflanze gesehen haben. Einige Gewürze werden vor Ort verarbeitet und verkauft. Auf verschiedenen Wanderwegen kann man das Gelände er-

North Point
Machabée
Anse Nord d'Est
Montagne Glacis 458
Glacis
La Gogue
Anse Étoile
Beau Vallon Bay
Anse Major
Bel Ombre
Danzilles
Beau Vallon
Baie Ternay Marine N.P.
Mte. Jasmin 643
Mont Le Niol 681
Morne
St. Louis Road
Victoria
Sainte Anne
Seychellois
Trois Frères 699
Port Launay Marine N.P.
Le Passe Ternay
Morne Seychellois 905
Sainte Anne Marine N.P.
Moyenne
Conception
Morne Blanc 667
Mission Lodge
Plaisance
Cerf
Longue
Sans Souci Road
Copolia 497
Port Glaud
Tea Factory
National Park
Cerf Passage
Ile Thérèse
Grand Anse
Petit Paris
La Misère
Ile aux Vaches
Cascade
Anonyme
Barbarons Estate
Wasserfall
Montagne Planeau 668
Pointe Larue
Reef Golf Club
INDISCHER
Anse Boileau
Montagne Posée Road
Craft Village
Mte. Brulée 501
La Marine Ltd.
Anse Soleil
Anse à la Mouche
Les Cannelles Rd
Petite Anse
OZEAN
Baie Lazare
Anse Royale
Jardin du Roi
Mont Parnel 378
Anse Takamaka
Takamaka
Quatre Bornes
Anse Forbans
Anse Intendance
Police Bay
MAHÉ
0
5 km
N

Seite 55

kunden. Ein kleines Restaurant mit herrlichem Blick aufs Meer bietet tropische Cocktails, Crêpes und kreolische Spezialitäten an (Tel. 37 13 13; tgl. 10–17.30 Uhr, Führungen nach Bedarf).

Das gemütliche, über zehn Zimmer verfügende **Allamanda Hotel,** Tel. 36 62 66; Fax 36 61 75, www.the-seychelles.com/allamanda, weiter südlich an der Anse Forbans ist wie geschaffen für einen erholsamen Urlaub fern aller Hektik. Der Sandstrand unmittelbar vor der Tür wird von Kasuarinen und Palmen eingerahmt; die relativ flache Lagune allerdings eignet sich mehr zum Herumplantschen als zum Schwimmen. ❍❍

▮ Hundert Meter weiter liegen am Strand die geräumigen Selbstversorgerbungalows **Chalets d'Anse Forbans,** Tel. 36 61 11, Fax 36 61 61, www.forbans.com. ❍❍

▮ Am südlichen Ende der Anse Royale liegt oberhalb der Straße das kleine Hotel **Auberge de Bougainville,** Tel. 37 17 88, Fax 37 18 08, www.the-seychelles.com/bougainville, in einem schmucken, alten Haus mit kolonialem Ambiente. Preiswerte, einfache Räume, im Garten bieten ein paar Zimmer modernen Standard. Auf der Speisekarte des Restaurants stehen kreolische Gerichte. ❍

Gelegenheit zu einer Rast direkt am Meer bietet sich auch im sehr gepflegten Restaurant des **Allamanda Hotels** (Tel. s. links) an der Anse Forbans. Sonntagmittags gibt es leckere kreolische Spezialitäten und Gegrilltes am Strand. ❍❍

Der Süden

Die Straße wendet sich nun ins hügelige Landesinnere und durchquert die Ortschaft **Quatre Bornes,** bevor sie zur westlichen Inselseite abfällt. Das Leben hier im Süden von Mahé verläuft ruhiger als das im Norden. Es herrscht weniger Verkehr, es gibt weniger Touristen, und die Menschen dieser Gegend wirken noch freundlicher und gelassener.

Die Westküste

Die Strecke entlang der Westküste führt von einem schönen Strand zum nächsten.

Anse Intendance und Anse Takamaka

An der **Anse Intendance** ⓭ besaß bereits Beatle George Harrison ein Stückchen Land. Der Strand ist längst nicht mehr so einsam, wie er einmal war, aber immer noch lang genug, um kein Gedränge aufkommen zu lassen. Von Mai bis September muss man mit hohen Wellen rechnen, doch zum Sonnenbaden und für ein Picknick ist der

Krokodile

Nilkrokodile von bis zu 7 m Länge sollen auf Mahé ihr Unwesen getrieben haben – so berichteten die ersten Chronisten. Auf der Suche nach Schildkröteneiern und anderer Beute seien sie die höchsten Berge hinaufgeklettert, im Meer hätten sie sich erbitterte Kämpfe mit Haien geliefert. Auch Menschen verachteten sie nicht als Kost. Die ersten Siedler räumten unter den Krokodilen so gründlich auf, dass es zu Beginn des 19. Jhs. keines mehr gab.

Seite 55

Die Seychellen aus der Perspektive des Malers Donald Adelaide

Strand allemal geeignet. Am Nordende wurde vor wenigen Jahren das Tophotel Mahés eröffnet.

Banyan Tree Seychelles, Anse Intendance, Tel. 38 35 00, Fax 38 36 00, www.banyantree.com. Jede der 47 Villen hat einen eigenen Pool und jeden erdenklichen Luxus. Exklusiver Wellnessbereich. ❍❍❍

Als nächstes gelangt man zur **Anse Takamaka ⓮**.

Chez Batista, Anse Takamaka, Tel. 36 63 00, Fax 36 65 09. Internationale und kreolische Küche, gute Fischgerichte. Bungalows. ❍❍❍

Baie Lazare ⓯

Ihren Namen erhielt die Bucht von dem französischen Kapitän Lazare Picault, dessen Mannschaft Mahé im Jahre 1742 entdeckte. Ein schlichtes Denkmal neben der Straße erinnert an diese historische Begebenheit.

Die ganze Nordseite der Baie Lazare nimmt die weitläufige Anlage des luxuriösen **Plantation Club Resort & Casino** ein, Tel. 38 68 58, Fax 38 68 83, www.plantationclub. com. Der Hotelstrand ist fein und weich, die Lagune davor ziemlich flach. ❍❍❍

Anse Soleil – ein hervorragendes Plätzchen zum Abschalten

Gegenüber vom Hotel gibt es eine weitere Galerie des Malers Gerard Devoud (s. S. 29). In der Ortschaft Baie Lazare (bei der Tankstelle) geht es rechts zum kleinen **Atelier** des Malers Donald Adelaide. Seine Bilder spiegeln die leuchtenden Farben der Seychellenlandschaft wider.

Petite Anse und Anse Soleil ⓰

Über einen schmalen Weg erreicht man die entlegenen Strände Petite Anse und Anse Soleil. Beide sind gute Empfehlungen zum Baden und Schnorcheln und oft menschenleer – vor allem die Petite Anse –, außer an Sonntagen, wenn die Seychellois zum Picknick hierher kommen. Die von schattigen Takamakabäumen und rotbraunen Granitfelsen eingerahmte Petite Anse wird zu Recht als eine der schönsten Buchten von ganz Mahé bezeichnet. Die letzten 20 Min. zum Strand sind zu Fuß zurückzulegen.

An der reizvollen Anse Soleil liegt die nette kleine Pension **Anse Soleil Beachcomber,** Tel. 36 14 61, Fax 36 14 60, www.beachcomber.sc. Hier kann man auch eine Erfrischung und einen Snack bekommen. ❍❍

Seite 55

Auf der Hauptstraße passiert man bald das in einem reizvollen kreolischen Haus gelegene **Atelier** von Michael Adams, dem bekanntesten Maler auf den Seychellen (s. S. 28; Mo–Fr 10–16 Uhr, Sa 10–12 Uhr). Der gebürtige Engländer ließ sich bereits 1972 auf Mahé nieder. Seine Bilder mit Motiven vom Alltag der Seychellois sind inzwischen nicht nur in den Galerien der Insel, sondern auch in Europa zu finden.

Anse à la Mouche ⓱

Die folgende von einem Korallenriff abgeschlossene Anse à la Mouche besitzt einen schönen Strand, aber sehr flaches Wasser. Bei Ebbe fällt die Bucht zum Teil sogar völlig trocken und bietet dann der Dorfjugend ausgedehnten Platz für ausgiebige Fußballspiele.

Im Zentrum der Bucht biegt nach rechts die Les Cannelles Road ab, an der einige hundert Meter landeinwärts der Bildhauer Tom Bowers (s. S. 28) seine Werkstatt hat. Sollten Sie an einem exklusiven und zugegebenermaßen nicht ganz billigen Mitbringsel von den Seychellen interessiert sein, lohnt sich der Besuch bestimmt!

Villa Bambou, Anse à la Mouche, Tel. 37 11 77, Fax 37 11 08, www.trauminselreisen.de. Villa mit Verpflegung (maximal sieben Personen). ❍❍

La Résidence Villas + Apartments, Anse à la Mouche, Tel. 37 17 33, Fax 37 13 70, www.seychelles.com/residence. Komfortable Bungalows und Apartments für Selbstversorger. ❍

Die Bucht der Entdecker

1742 hatte Lazare Picault Mauritius mit dem Auftrag verlassen, eine direkte Seeroute von dort nach Indien zu sondieren und dazu das Gebiet nordöstlich von Madagaskar genauer unter die Lupe zu nehmen. Drei Monate war er bereits auf seinem Schiff »Elisabeth« herumgekreuzt, und der Wasservorrat ging zur Neige, als der Ausguck Land ankündigte. Beim Näherkommen entpuppte es sich als eine grüne, bergige Insel.
Vor einer Bucht der Südwestküste ließ Picault Anker werfen und das Beiboot aussetzen. Ohne Schwierigkeiten erreichte die Mannschaft den sandigen, von Kokospalmen gesäumten Strand, an dem sie wenig später auf das ersehnte Süßwasser stieß. Der Kapitän taufte die Bucht »Port St. Lazare« und vermerkte in seinem Logbuch, dass sie keine Spuren von Menschen, dafür aber Unmengen von Vögeln und Fischen sowie etliche Landschildkröten und Krokodile gefunden hätten. Picault gönnte seiner Mannschaft fünf Tage Rast, ließ das Schiff mit Kokosnüssen sowie Schildkröten beladen und kehrte mit seiner Neuigkeit wieder nach Mauritius zurück. Experten, die sich mit den Logbüchern des Lazare Picault näher beschäftigt haben, bezweifeln, dass die französischen Entdecker gerade dort an Land gingen, wo heute das Denkmal steht. Bestimmte Beschreibungen deuten eher auf die weiter nördlich gelegene Anse Boileau.

Seite 55

Auf Schusters Rappen

Die meisten ausgewiesenen Wanderwege befinden sich auf Mahé. Die wichtigsten von ihnen werden im Folgenden kurz vorgestellt, von Norden nach Süden:

- Überquerung der Nordhalbinsel von **Glacis** zur **Anse Étoile:** Leichte Wanderung von drei Stunden mit schönen Ausblicken auf die Insel Silhouette, vorbei an La Gogue, dem größten Trinkwasserreservoir der Insel (s. S. 63).
- Von **Danzilles** (westlich der Beau Vallon Bay) zur **Anse Major:** Diese leichte Wanderung von drei Stunden zieht sich auf ihrer gesamten Länge immer an der Küste entlang. Unterwegs kann man auf den Felsen endemische Vanilleblüten entdecken, an der Anse Major baden und schnorcheln (s. S. 45).
- Besteigung des Berges **Trois Frères** (699 m), südwestlich von Victoria: Diese Wanderung ist schwierig und anstrengend, da ein steiler Anstieg überwunden werden muss (Dauer etwa 4 bis 5 Stunden). Sie beginnt bei der Forststation an der Sans Souci/Forêt Noire Road. Der Weg verläuft teilweise durch den Morne Seychellois National Park. Unterwegs gibt es u. a. die endemische Fleisch verdauende Kannenpflanze zu sehen und auf dem Gipfel eine einmalige Aussicht auf Victoria sowie die ganze Insel – sofern keine Wolken den Blick versperren.
- Auf die **Copolia** (497 m), südlich von Victoria: Eine relativ leichte Wanderung mit einigen kurzen Steilstücken. Dauer etwa zwei Stunden. Der Einstieg beginnt an der Sans Souci/Forêt Noire Road. Von den Felsblöcken am Gipfel sieht man Mengen von endemischen Kannenpflanzen und genießt eine schöne Aussicht auf Victoria und die Ostküste von Mahé.
- Besteigung des **Morne Seychellois** (905 m): Schwierige Wanderung von 6 bis 8 Stunden. Einstieg von der Passhöhe der Sans Souci Road. Diese Tour im Bereich des Morne Seychellois National Park sollte man mit Führer unternehmen, weil der nicht markierte Pfad leicht zu verlieren ist und außerdem einige Sicherheitsbestimmungen zu beachten sind. Eine ungetrübte Aussicht ist nicht immer garantiert, da sich der Gipfel häufig in Wolken hüllt.
- Besteigung des **Morne Blanc** (667 m): Eine mittelschwere Wanderung von zwei Stunden. Der Weg beginnt an der Forêt Noire Road oberhalb der Teefabrik. Wenn der Gipfel nicht in Wolken steckt, kann man eine wunderschöne Aussicht über die gesamte Westküste Mahés erleben (s. S. 61 und 63).
- **La Réserve** und **Brulée:** Hauptsächlich über die Höhen im südlichen Mahé führt diese relativ leichte Wanderung (2 bis 4 Stunden). Zu sehen gibt es vor allem endemische Palmenarten, und man kommt an drei eindrucksvollen Aussichtspunkten vorbei. Der Pfad beginnt in Richtung Süden an der Passhöhe der Montagne Posée Road.
- Überquerung des südlichen Teils von Mahé von der **Anse Royale** bis zur **Anse à la Mouche** von zirka 3 bis maximal 4 Stunden Dauer. Leichte Wanderung auf öffentlichen Wegen.

Seite 55

Aussicht vom Morne Blanc auf Port Glaud und die Île Thérèse

Blue Lagoon Chalets, Anse à la Mouche, Tel. 37 11 97, Fax 37 15 65, www.seychelles.net/bluelagoon. Selbstversorgerchalets. ❍

Anse Boileau 18

Weiter nach Norden schließen sich Ortschaft und Bucht von Anse Boileau an. In die von einem Korallenriff abgeschlossene flache Bucht mündet von Norden her der Caiman River. In ihm könnten die französischen Entdecker – wenn sie denn hier an Land gegangen sein sollten – die im Logbuch von Lazare Picault erwähnten Krokodile beobachtet haben (s. S. 58).

Zur nächsten Bucht gelangt man durch das Gelände des **Le Méridien Barbarons Hotels,** Tel. 37 82 53, Fax 37 84 84, www.barbarons.lemeridien.com. Diese große Anlage bietet ab Anfang 2005 nach umfangreicher Renovierung wieder alle Annehmlichkeiten. Strandwanderer und Jogger schätzen den weiten Hotelstrand. Das Meer ist eher flach und mit Korallengestein durchsetzt. ❍❍❍

Château d'Eau, Tel. 37 81 77, Fax 37 83 88. Etwa 1,5 km südlich des Le Méridien liegt dieses kleine Hotel mit Restaurant. Zu internationalen und kreolischen Gerichten genießt man den spektakulären Sonnenuntergang. Unbedingt reservieren! ❍❍

Grand Anse – eine der großartigsten Buchten auf Mahé

*Grand Anse 19

Bei Ebbe kann man zu Fuß von der Barbarons-Bucht zur anschließenden Grand Anse gehen, der großartigsten Bucht von Mahé. Sie blieb bisher völlig naturbelassen. Die anderthalb Kilometer lange Bucht hat makellos weißen Sand und kein Korallenriff. Dafür rollen wunderschön anzusehende, gläserne Wellen auf den Strand. Vorsicht ist vor Unterströmungen geboten. Wird man erst einmal hinausgezogen, ist an Rettung kaum zu denken. Boote sind nicht vorhanden, und meistens halten sich nur wenige Leute am Strand auf.

Port Glaud 20

Die Straße verläuft nun ein Stück durchs Landesinnere und erreicht erst bei Port Glaud wieder die Küste.

Berjaya Mahé Beach Hotel, Tel. 38 53 85, Fax 37 81 17, www.berjayaresorts.com.

Seite 55

Tee gedeiht bestens in den höheren Lagen von Mahé

Unübersehbar thront der große Betonblock in Form eines Ozeandampfers auf den Küstenfelsen. Das Hotel besitzt einen großzügigen Garten und Swimmingpool, aber nur einen kleinen, künstlich aufgeschütteten Strand. Zum Ausgleich bringt ein Boot die Gäste zur vorgelagerten Île Thérèse (größerer Strand, Wassersportzentrum). ○○○

Abstecher ins Naturschutzgebiet Port Launay und Baie Ternay ㉑

Ab Port Glaud führt eine schmale Straße an der Küste entlang. Anfangs durch Mangrovensümpfe laufend, bietet sie später prächtige Ausblicke auf die vorgelagerten Inseln Thérèse und Conception. Nach 1,5 km erreicht man **Port Launay,** einen wahren Bilderbuchstrand, der zum Schwimmen und Schnorcheln einlädt. Weiter geht es bis zur **Baie Ternay,** einer hübschen, zwischen Felsen eingebetteten Sandbucht. Das vorgelagerte Korallenriff eignet sich gut zum Schnorcheln.

Der Fahrweg endet hier am Gelände des Lagers des inzwischen aufgelösten National Youth Service (NYS); weiter zur **Beau Vallon Bay** führt nur ein kleiner Pfad.

Aus Zitronengras wird ebenfalls ein schmackhafter Tee zubereitet

**Sans Souci Road ㉒

In Port Glaud biegt die ca. 14 km lange Straße in Richtung Victoria ab. Sie ist die spektakulärste Strecke der Insel. In unzähligen Kurven windet sie sich bis auf fünfhundert Meter Höhe empor. Halten Sie ruhig einmal an, um die Aussicht auf die Westküste mit ihren türkisfarbenen Lagunen und den vorgelagerten Inseln Thérèse und Conception zu genießen. Sobald die Straße in den Wald eintaucht, beginnt das Landschaftschutzgebiet des **Morne Seychellois National Park.**

Tipp Einen Halt sollten Sie am Kiosk der **Tea Factory** einlegen, um den schmackhaften Seychellentee zu probieren oder auch gleich einen Vorrat für zu Hause mitzunehmen. Hier ist er frisch und am preiswertesten (tgl. 7.30–16 Uhr, Führungen durch die daneben liegende Fabrik Di–Fr 8.30 bis 12 Uhr).

Die Teebüsche wurden 1962 aus Kenia eingeführt und gediehen in dieser niederschlagsreichen Berggegend so gut, dass heute der Eigenbedarf des Landes an Tee gedeckt werden kann. Die gesamte Teeanbaufläche nimmt mittlerweile etwa 110 ha ein. Haupterntezeit ist die Periode von Oktober

Drachenblutbäume bei den Ruinen der Mission Lodge

bis Mai. In kleinen, polsterähnlichen Büscheln wächst auf den Feldern bei der Teefabrik auch Zitronengras, aus dem ein sehr erfrischender Tee aufgebrüht wird. Oberhalb des Kiosks zeigt ein Hinweisschild den Wanderweg auf den Morne Blanc an (s. S. 60).

Die letzte Aussicht auf die Westküste erlebt man von den Ruinen der ehemaligen **Mission Lodge** aus. Eine Allee riesiger Drachenblutbäume (Sandragon) führt zum Aussichtspunkt mit Picknickplatz. Die Mission Lodge wurde 1875 von kirchlichen Organisationen als Herberge für befreite Sklaven errichtet. In »Venn's Town«, wie der Ort damals hieß, stand auch eine der ersten Schulen der Seychellen.

Die Forêt Noire Road steigt durch dichten Urwald bis zur Passhöhe an. Auf dem Weg bergab passiert man die Ausgangspunkte für die Wanderungen auf die Copolia und die Trois Frères (s. S. 60) und gelangt über die Bel Air Road (links halten!) nach Victoria. An der Revolution Avenue geht es linker Hand zurück zur Beau Vallon Bay (s. S. 43 f.), um noch einen der schönsten Sonnenuntergänge zu genießen, die Mahé zu bieten hat.

Abstecher zur Nordhalbinsel

Seite 55

Die kleine Tour (22 km) um die Nordhalbinsel von Mahé kann man auch mit öffentlichen Bussen ab Victoria bzw. Beau Vallon (Route 20 oder 22) unternehmen. Zwischen Beau Vallon und **Glacis** ㉓ findet man immer wieder zwischen den Felsen versteckte kleine Sandbuchten. Eine kleine Wanderung führt von Glacis hinauf zum Wasserreservoir **La Gogue** und weiter an die Ostküste nach **Anse Étoile** (s. S. 60).

Le Northolme Hotel, Glacis, Tel. 26 12 22, Fax 26 12 23, www.lenortholme.sc. Stilvolle kleine Anlage am Meer südlich von Glacis, kleiner Sandstrand (bis Anfang 2005 wegen Renovierung geschl.). ❍❍❍

Sunset Beach Hotel, Glacis, Tel. 26 11 11, Fax 26 12 21, www.sunset-beach.com. Hübsche Anlage auf einem Felsvorsprung am Meer, eigener Strand, Restaurant. ❍❍❍

Mit Blick auf das vorgelagerte Inselchen North geht es um die Nordküste Mahés zur **Anse Nord d'Est** ㉔. Hier betreiben Dag Wester und Dagmar Ehlert die Parfümerie **Kreolfleurage.** Ambre Vert, Bambou oder Bwa Nwar heißen die exotischen Parfüms, die mit Erfolg nicht nur auf den Seychellen verkauft werden (Tel. 24 13 29, Mo–Fr 9 bis 17 Uhr). Weiter südlich an der **Anse Étoile** ㉕ mündet der Wanderweg von Glacis (s. S. 60).

Manresa Small Hotel, Anse Étoile, Tel./Fax 24 13 88. Fünf Zimmer mit Meerblick, Restaurant bietet kreolische Gerichte. ❍

L'Océan, Anse Étoile, Tel. 24 13 27. Stimmungsvolles Lokal, das u. a. auch kreolische Spezialitäten anbietet. So geschl. ❍❍❍

Seite 66

Praslin

Riesenkokosnüsse und versteckte Buchten

****Anse Lazio → *Anse Volbert → Baie Ste. Anne → ***Vallée de Mai → Grand' Anse → Anse Kerlan (22 km)**

Praslin, zweitgrößte Insel der Seychellen, liegt 37 Kilometer nordöstlich von Mahé. Im Vergleich zur Hauptinsel ist sie nur leicht hügelig, die höchste Erhebung erreicht 367 m. Die 6000 Bewohner leben vom Tourismus, der Fischerei und der Landwirtschaft. Die Attraktion Praslins ist das Vallée de Mai, in dem endemische Seychellennusspalmen zu Tausenden wachsen. Nur um sie zu sehen, kommt täglich eine große Anzahl von Besuchern mit dem Flugzeug oder der Fähre auf die Insel. Dennoch ist Praslin wenig überlaufen, es hat seinen ländlich-verschlafenen Charme bewahrt – und dazu Strände, die jene Mahés an Schönheit noch übertreffen. Allerdings sind sie teilweise schwieriger zu erreichen, was vielleicht gerade ihren Reiz ausmacht. Es gibt einladende Wanderwege, und man kann abgesehen von einigen Ausnahmen gemütlich Fahrrad fahren. Mit dem Mietauto oder dem Bus kann man zwar in einem Tag die Insel kennen lernen, doch es lohnt sich, länger auf Praslin zu bleiben.

Verschiedene Maßnahmen zur Verbesserung der Infrastruktur, wie beispielsweise die Eröffnung des Flughafens 1978, waren Auslöser für die Entwicklung des Tourismus auf Praslin. Neben einigen Hotels entstanden in den letzten Jahren zahlreiche neue Unterkünfte in Form von Gästehäusern. Die beiden Hauptorte sind **Grand' Anse** an der Südwestküste unweit des Flughafens und **Baie Ste. Anne** im Südosten mit dem einzigen geschützten Hafen. Die dritte größere Ansiedlung liegt an der lang gezogenen **Côte d'Or** (Anse Volbert) an der Nordostküste, an die es auch die meisten Touristen zieht. Aufgrund der niedrigeren Berge fallen die Niederschläge nicht so reichlich aus wie auf Mahé, und in der Jahresmitte wird die Wasserversorgung bisweilen unterbrochen. Wenngleich auch die Straßen ausgebaut wurden und in gutem Zustand sind, ist es nicht möglich, die ganze Insel mit dem Auto zu umrunden – der Norden von der Anse Lazio bis Anse Kerlan ist nach wie vor Wanderern vorbehalten.

**Anse Lazio ㉖

Die berühmte Bucht mit ihrem weichen, weißen Sand, den Schatten spendenden Takamakabäumen und den malerischen Granitfelsen zieht täglich zahlreiche Besucher an, die sich aber über das weite Areal vertei-

Ile aux Palmes

Bei seiner zweiten Erkundungsfahrt zu den Seychellen 1744 entdeckte Lazare Picault die Insel, der er wegen der unzähligen Palmen den naheliegenden Namen »Ile aux Palmes« gab. Nicht nur die berühmten Seychellennusspalmen bestimmen die Vegetation von Praslin. Auf zahlreichen Plantagen gedeihen Kokospalmen und Papayas, Mangos oder Passionsfrüchte.

Seite 66

Badespaß an der Anse Lazio

Hunderttausende von Noddy-Seeschwalben brüten auf Aride

len. An dem wunderschönen, unverbauten Strand kann man bei ruhigen Meer (Wellengang von Dezember bis März) schwimmen und schnorcheln.

Für das leibliche Wohl sorgt das inmitten von Kokospalmen gelegene **Bonbon Plume** (Tel. 23 21 36). ❍❍

Von der Busendhaltestelle in Anse Boudin geht man etwa eine halbe Stunde zu Fuß bis zur Bucht, morgens fahren zwei Busse direkt bis zur Anse Lazio, nachmittags auch zurück.

Busverbindungen: Linie 61 zwischen Anse Boudin und Anse Kerlan (über Vallée de Mai) stündlich; Linie 62 zwischen Anse Boudin und Anse Kerlan/Mont Plaisir (über Anse Consolation) viermal täglich.

Insel **Aride – Kleinod im Norden ㉗

Als sehr fruchtbar und ganz und gar nicht ausgedörrt, wie ihr französischer Name vorgibt, entpuppt sich das 10 km nördlich von Praslin liegende Eiland Aride. Die nördlichste Granitinsel der Seychellen ist nur etwa 1,7 km lang und circa 500 m breit, teils felsig, teils mit weißem Sandstrand ausgestattet.

Aride steht jetzt ebenso wie das vorgelagerte Korallenriff, das zu den schönsten Unterwassergebieten der Seychellen gehört, unter Naturschutz. Gerne unternehmen Taucher Exkursionen in diese Region. Natürlich ist auch ein Schnorchelausflug lohnenswert, jedoch eher innerhalb des Riffs. Außerhalb ist auf Strömungen zu achten!

Artenreiche Vogelwelt

1973 von der Royal Society for Nature Conservation (RSNC) erworben und von ihr verwaltet, wurde Aride zu einem wahren Refugium, in dem nicht nur zahlreiche Vogelarten zu Hause sind, sondern auch Karett- und Suppenschildkröten ungestört an Land kommen können, um ihre Eier im warmen Sand zu vergraben.

Hier brüten mehr Arten Seevögel als auf allen anderen Granitinseln, darunter Hunderttausende von Ruß- und Noddyseeschwalben (von April/Mai bis Anfang November) und mehr als zweitausend der eher seltenen Rosenseeschwalben *(roseate terns)*, die nicht ganz so lange auf der kleinen Insel bleiben.

Umschlag vorne

Auf Aride findet man den Madagaskarwebervogel, die Turteltaube, mehrere Arten von Sturmtauchern, die seltene Seychellenschamadrossel *(magpie robin),* den Seychellenrohrsänger *(brush warbler),* die wunderschönen Feenseeschwalben, den eleganten Weißschwanztropikvogel und sogar den seltenen Rotschwanztropikvogel. Im Feuchtgebiet sind Teichhühner zu sehen. Über der Insel kreist fast immer eine Schar von Fregattvögeln, großen Seglern, welche die meiste Zeit hier verbringen, zum Brüten aber nach Aldabra zurückkehren, 1100 km von hier entfernt. An Land gibt es eine Vielfalt an Insekten und Echsen, Riesentausendfüßlern und zahlreichen Geisterkrabben.

Flora

Weite Teile von Aride sind mit üppiger Vegetation bedeckt, mit Kokospalmen (die noch auf die ehemalige Kokosplantage hinweisen), aber auch mit Laubbäumen wie dem »bwa mapou« *(Pisonia grandis),* dessen klebrige Samen wahrscheinlich einst von den Seevögeln hierher gebracht wurden. Auf dem fruchtbaren Boden gedeihen Guaven ebenso wie Bananen, Orangen, Papayas, aber auch Auberginen, Ingwer, Gelbwurz und Pfefferschoten.

Eine Besonderheit der Insel ist die *Wright's Gardenia,* ein Laubbaum, der sonst nirgends auf der Welt wächst. Er trägt wunderschöne, weiß-rötliche Blütenkelche. Wegen seiner kleinen, zitronenförmigen Früchte wird er bei den Seychellois »bwa sitron« genannt.

La Cour

Die wenigen Arbeiter und Aufseher von Aride wohnen in »La Cour«, unmittelbar am Strand – dort, wo auch die Boote anlegen. Der Weg hinauf auf den 134 m hohen Gros la Tête ist auch in praller Sonne die Mühe wert. Von oben genießt man einen herrlichen Blick hinunter aufs Meer und hinüber nach Praslin und Cousin.

Bootsverbindungen:
Die Boote nach Aride legen ab Anse Volbert (s. S. 69) beziehungsweise Grand' Anse ab (s. S. 73, Mo–Do); die Überfahrt dauert etwa eine halbe Stunde. Eine Landegebühr wird dafür erhoben; sie ist aber normalerweise im festgelegten Exkursionspreis bereits mit eingeschlossen.

Umschlag vorne

Für eine Tagesexkursion nach Aride kontaktieren Sie am besten Ihre Hotelrezeption oder eine der Reiseagenturen. Der Ausflug wird zwischen Oktober und April mehrmals in der Woche angeboten, in der übrigen Jahreszeit ist er wetterabhängig.

Verstauen Sie Kameras und Kleidung wasserdicht, denn bei der Landung steigt man in kleinere Boote um und bekommt zumindest nasse Füße. Außerdem sind feste Turnschuhe zur Erkundung der Insel empfehlenswert.

Seite 67

Einsame Sandstrände erwarten den Besucher von Curieuse

Curieuse Marine National Park ㉘

Der Küstenabschnitt bei **Anse Boudin** auf Praslin gehört ebenso wie die gegenüberliegende Insel Curieuse und der Meeresarm dazwischen zum gleichnamigen Marine National Park. Er zählt zu den besten Unterwasserrevieren von Praslin mit unzähligen Korallen und großem Fischreichtum. Angeln sowie die Mitnahme von Muscheln oder Schnecken sind verboten.

Tipp Unterbrechen Sie die Fahrt für einen Schnorcheltrip. Hier lohnt es sich ganz besonders.

Abstecher zur Insel **Curieuse ㉙

Nur wenige Kilometer trennen die bergige, etwa 3 km² messende Insel Curieuse von Praslin. Die Besucher landen zumeist an der Anse St. Joseph im Süden der Insel. Unweit davon wird im Schatten riesiger alter Takamakabäume das Barbecue-Picknick serviert, welches normalerweise im Ausflug eingeschlossen ist. Hier findet man auch das ehemalige Doctor's House, das heute, teilweise verfallen, unter Denkmalschutz steht. Dieses Kolonialhaus und einige Ruinen westlich davon erinnern an die einstige Leprastation, die von ihrer Gründung 1833 bis Mitte des vergangenen Jahrhunderts in Betrieb war.

Flora und Fauna

Durch ein großes Mangrovengebiet gelangt man auf Holzstegen zur Baie Laraie an der Ostseite. Dieser Teil der Insel ist Schutzgebiet für eine Kolonie Riesenlandschildkröten, die sich hier nicht nur wohlfühlen, sondern sich auch fleißig um die Fortpflanzung ihrer dezimierten Spezies bemühen.

Curieuse besitzt auf seiner Südseite schöne, einsame Sandstrände. Die Vegetation ist der Praslins sehr ähnlich. Auch hier wächst die endemische Seychellennusspalme, deren Bestand bei mehreren Bränden jedoch immer wieder dezimiert wurde.

Nur ein paar Familien leben auf Curieuse: der Verwalter und seine »rangers«, die sich um Schutz und Pflege der Insel kümmern.

Seite 67

Der Schulunterricht findet auch mal im Freien statt

Die Anse Volbert ist das touristische Zentrum Praslins

Bootsverbindungen: Die Reiseagenturen auf Praslin organisieren Ausflüge nach Curieuse (Di bis Fr). Als Ausgangspunkt bietet sich Anse Volbert an (s. u., Fahrt 20 Min.).

*Anse Volbert ㉚

Die Bucht besitzt einen kilometerlangen Sandstrand, auf dem man bestens wandern kann. Das von einem Riff geschützte Wasser ist ruhig und ziemlich flach; insbesondere Familien mit kleinen Kindern werden sich hier wohlfühlen. Ein Erlebnis zum Schnorcheln und Tauchen sind die kleinen vorgelagerten Inseln **Chauve Souris** (Übernachtung möglich, Tel. 23 20 03, Fax 23 21 33, www.chauve.it) und **St. Pierre,** auf die man sich übersetzen lassen kann.

Die Anse Volbert oder Côte d'Or, die Goldküste, wie sie auch genannt wird, ist das touristische Zentrum von Praslin. Es gibt mehrere Hotels und Pensionen, Restaurants, Läden, Boutiquen, Fahrradverleihe und Tauchschulen, außerdem ein Spielkasino. Angeschlossen an das mit Liebe zum Detail eingerichtete **Café des Arts** der Malerin Christine Harter ist eine Galerie mit Werken verschiedener einheimischer Künstler (Mo–Fr 9–17, Sa 9–15 Uhr). Neuerdings werden hier auch sehr stilvolle Zimmer vermietet (s. rechts).

L'Archipel, Anse Gouvernement, südlich der Anse Volbert, Tel. 28 47 00, Fax 23 20 72, www.larchipel.com. Stilvolle Anlage im Hang am Meer. ○○○

- **Paradise Sun Hotel,** Anse Volbert, Tel. 23 32 93, Fax 23 20 19, www.paradisesun.com. Großes, lebendiges Strandhotel. ○○○
- **Acajou,** Anse Volbert, Tel. 23 24 00, Fax 23 24 01, www.ajacouhotel.com. Mittelgroße Hotelanlage direkt am Strand. ○○
- **Hotel du Café des Arts,** Anse Volbert, Tel. 23 21 70, Fax 23 21 55, www.cafe.sc. Große, sehr geschmackvoll eingerichtete Zimmer. ○○
- **Le Duc de Praslin,** Anse Volbert, Tel. 23 22 52, Fax 23 23 55, www.leduc-seychelles.com. Bungalows unweit des Strandes. ○○
- **Laurier Guest House,** Anse Volbert, Tel. 23 22 41, Fax 23 23 62. Zimmer und Bungalows in Strandnähe. ○

Laurier, Tel. 23 22 41. Kreolische Spezialitäten; So geschl. ○○

Baie Ste. Anne ㉛

Nach der Anse Volbert durchquert man einen lichten Wald, bevor man die Ortschaft Baie Ste. Anne erreicht,

Seite 67

die sich an der weiten gleichnamigen Bucht entlangzieht. Im Zentrum finden sich eine Bank, Kirche, Post, Tankstelle und Geschäfte. Am südlichen Ende von Baie Ste. Anne zweigt die Zufahrt zur Jetty ab, von der die Fähren nach La Digue und Mahé abfahren.

Fährverbindungen: Mehrmals tgl. nach La Digue (30 Min.); nach Mahé Schoner Mo–Fr (2,5 Std.), Katamaran tgl. (1 Std.).

Chalets Côte Mer, Baie Ste. Anne, Tel./Fax 23 23 67, www.chaletscotemer.com. Große Bungalows für Selbstversorger oder mit Verpflegung gleich bei der Jetty, kleiner Strand. ○○

Colibri, Baie Ste. Anne, Tel./Fax 23 23 02, colibri@seychelles.net. Gemütliche kleine Unterkunft nahe dem Hafen. ○

Abstecher an die Südküste

Ab Baie Ste. Anne kann man die Fahrt an die Westküste entweder durch den Vallée de Mai National Park oder entlang der Südküste fortsetzen. Für letzteren Abstecher folgt man der Hauptstraße geradeaus weiter.

Auf einer Anhöhe liegt das kleine Bungalow-Hotel **Château de Feuilles,** Tel. 29 00 00, Fax 29 00 29, www.chateau.com.sc, mit einem herrlichen Blick über das Meer bis nach Mahé. ○○○

Von zwei Landvorsprüngen begrenzt wird der schöne Badestrand **Anse Marie Louise ㉜**. Von hier führt ein unbezeichneter Wanderweg bergan zum Fond Ferdinand, der zweiten Stelle der Insel mit einem wilden Bestand an Seychellennusspalmen (ca. 1 Std.).

Le Bodamyen, Anse Marie Louise, Tel. 23 30 66, Fax 23 31 59, www.bodamyenhotel.com. Privatpension mit Chalets an einem kleinen Strand. ○○

Nach Anse Consolation an der gleichnamigen Bucht folgt eine der reizvollsten Gegenden Praslins – ein schmaler Landstrich von der **Anse Bois de Rose ㉝** bis zur **Anse Bateau ㉞**, eingebettet zwischen Berg und Meer. Einzelne Häuser verstecken sich im Grün von Obstbäumen; hübsche kleine Sandstrände wechseln ab mit Felsen. Das Wasser ist vor allem bei Ebbe ziemlich flach.

Coco de Mer, Anse Bois de Rose, Tel. 23 39 00, Fax 23 39 19, www.cocodemer.com. Nette Anlage mit Reihenbungalows in tropischem Garten, Tauchbasis. ○○○

Villa Flamboyant & Art Studio, Anse Cimetière, Tel./Fax 23 30 36. In der im kreolischen Stil errichteten Unterkunft werden sich besonders an Kunst interessierte Gäste wohlfühlen. ○○

Black Parrot, Anse Bois de Rose, Tel. 23 39 00. - Internationale und einheimische Küche, gehört zum Hotel Coco de Mer (siehe oben). ○○

***Vallée de Mai ㉟

Biegt man im Zentrum von Baie Ste. Anne rechts ab, geht es direkt zum Naturschutzgebiet, der größten Sehenswürdigkeit der Seychellen. Nur auf Praslin und der Nachbarinsel Curieuse wächst die Seychellennusspalme, ein botanisches Phänomen. 1966 wurde das Tal zum Nationalparkgebiet erklärt und 1983 von der UNESCO in

Seite 67

die Liste des Weltnaturerbes aufgenommen.

Wenn Sie den Besuchermassen entgehen möchten, planen Sie einen Besuch am frühen Morgen oder späten Nachmittag ein. Der Eingang zu dem Gelände (tgl. 8–17.30 Uhr; Eintritt 15 $) liegt auf der Bergkuppe in etwa 170 m Höhe direkt neben der Straße. Bei Zahlung der Eintrittsgebühr erhält man ein Faltblatt mit allen wichtigen Informationen. Wer sich eingehender mit dem Naturschutzgebiet beschäftigen möchte, kann am Kiosk z. B. die farbige Broschüre der Botaniker Katy Beaver and Lindsay Chong-Seng erwerben.

Ca. 5000 Seychellennusspalmen wachsen im Vallée de Mai

Flora

5000 Seychellennusspalmen (s. S. 71) wachsen im Vallée de Mai auf engstem Raum beieinander, junge Bäume,

Eine Nuss wird geknackt

Aufgrund ihres enormen Gewichtes geht eine ins Wasser fallende Seychellennuss sofort unter. Nur wenn der Kern verfault ist, kann die Schale im Meer schwimmen. Solche tauben Nüsse wurden von Zeit zu Zeit an die Küsten Indiens und der Malediven geschwemmt, aber früher wusste niemand, woher sie stammten. Wenngleich inzwischen irreführend, ist der ihnen damals verliehene wissenschaftliche Name *Lodoicea maldivica* nach wie vor der gleiche. Wegen ihrer ungewöhnlichen Form und Seltenheit besaßen die Doppelnüsse bei Liebhabern einst einen so großen Wert wie heute etwa eine »Blaue Mauritius« unter Briefmarkensammlern. Als die Europäer den Indischen Ozean erschlossen, wurden sie auch an den Königshöfen der Alten Welt zu einer begehrten Kostbarkeit. Botaniker begannen, sich mit der Frage nach der Herkunft zu beschäftigen. Da man glaubte, alle Länder bereits zu kennen, ein Baum mit solchen Früchten aber nirgends gefunden wurde, waren die Experten ratlos und einigten sich darauf, dass die Nuss ihren Ursprung nur in einem Unterwassergewächs haben könnte und nannten sie deshalb Meereskokosnuss, *Coco de Mer*. Dass sie aber sehr wohl an Land wuchs, stellte sich erst im Jahre 1768 heraus, als eine französische Expedition die ihr noch unbekannte Insel Praslin näher erforschte und dabei auch gleich offiziell für Frankreich in Besitz nahm.

Seite 67

deren riesige Palmenwedel man aus nächster Nähe bewundern kann, daneben jahrhundertalte, über dreißig Meter hohe Veteranen. Das Rauschen der Blätter und das Knacken der Bäume sowie das schummrige Licht im Wald bilden eine ganz eigene Atmosphäre, die jeden Besucher gefangennimmt.

Neben den Seychellennusspalmen sind noch andere endemische Bäume bemerkenswert, so die schlanke Palmiste-Palme, deren grüner Schaft zwischen Stamm und Blattkrone zur Herstellung des echten Palmherzensalats (Millionärssalat) benötigt wird – ein Grund, warum sie nicht mehr allzu häufig vorkommt.

Ein ziemlich dünner Stamm kennzeichnet die *latanye fey,* deren breite Blattwedel früher gern zum Dachdecken verwendet wurden.

Relativ häufig trifft man auf den *bwa rouz,* dessen riesige Blätter meistens von Insekten vollkommen durchlöchert sind. Bis 1930 blieb das Gebiet von Eingriffen des Menschen verschont. Dann begann man mit der Anpflanzung von Obst- und Nutzbäumen, heute plant man, den ursprünglichen Zustand des Waldes wieder herzustellen.

Fauna

Das von einem Bach durchflossene Vallée de Mai ist durch mehrere Wege erschlossen. Die Rundtour dauert etwa zwei Stunden. Vielleicht entdecken Sie dabei einen der endemischen, schwarzen Seychellen-Wasapapageien, von denen es nur noch sehr wenige gibt. Meistens hört man lediglich die Rufe der scheuen Vögel, die häufig täuschend nachgeahmt werden von den überall herumlärmenden, ebenfalls schwarzen Seychellen-Bülbüls.

Die Seychellennüsse waren schon vor Jahrhunderten an europäischen Königshöfen eine begehrte Kostbarkeit

Grand' Anse ㊱

An der Küste kurz vor Grand' Anse trifft die Straße auf die an der Südküste verlaufende Strecke (s. S. 70). Die größte Ortschaft Praslins liegt an der gleichnamigen weiten Bucht. Das Wasser ist hier sehr flach, der Strand häufig mit abgestorbenem Seegras überschwemmt (vor allem von April bis September) und zum Baden wenig geeignet.

Im Ortszentrum biegt rechts eine Straße ins Landesinnere ab. Dies ist der Ausgangspunkt für zwei über die Insel führende Wanderungen, dem zur Anse Possession führenden **Pasquière Track** (etwa 1 Std.) und dem an der Anse Volbert endenden **Salazie Track** (etwa 1,5 Std.). Beide Wege geben einen guten Eindruck vom hügeligen, bewaldeten Inneren Praslins.

In Grand' Anse findet man eine Bank, Kirche, Post und Tankstelle, verschiedene Läden, Reiseagenturen, Autoverleihfirmen, einige Hotels und Gästehäuser. Neben dem Markt erinnert das mit einer Meereskokosnuss versehene Unabhängigkeitsdenkmal an das bedeutende Ereignis vom 29. Juni 1976.

Marechiaro, Grand' Anse, Tel. 28 38 88, Fax 23 39 93, www.seychelles.net/marechiaro. Kleines Hotel mit Bungalows, am Strand und jenseits der Straße. Hervorragendes Restaurant. ○○○

Indian Ocean Lodge, Grand' Anse, Tel. 23 33 24, Fax 23 39 11, iol@seychelles.net. Kleine, renovierte Anlage direkt am Strand. ○○○

Umschlag vorne

▮ **Maison des Palmes,** Amitié, Tel. 23 34 11, Fax 23 38 80, www.hotelmaisondespalmes.com. Kleine Pension direkt am Strand. ❍❍

Britannia, Grand' Anse, Tel. 23 32 15. Fisch. ❍❍
▮ **Capri,** Grand' Anse, Tel. 28 38 88. Gehört zum Hotel Marechiaro. Italienische und kreolische Küche. ❍❍

Nachbarinsel **Cousin ㊲

Nur gut 2,5 km liegt Cousin vor der Südwestküste Praslins. Die Insel mit einem Durchmesser von etwa 600 m wurde von Spendengeldern als Vogelschutzgebiet gekauft und ist in der Obhut des International Council for Bird Preservation (ICBP), ebenso das noch intakte Korallenriff.

Flora und Fauna

Auf der Insel wird dem natürlichen Bewuchs freier Lauf gelassen. Im Schutz zahlreicher Bäume und Sträucher fühlen sich neben den Vögeln auch andere Tiere wohl – riesige Tausendfüßler, Krabben, verschiedene Arten von Geckos und die schwerfälligen Riesenlandschildkröten. Nur mit viel Glück lässt sich eine Meeresschildkröte erspähen, obwohl von Oktober bis Februar regelmäßig Karettschildkröten zur Eiablage an Land kommen, und das tagsüber.

Eigentlich jedoch ist Cousin ein Refugium für Vögel. Eine große Anzahl von See- und Landvögeln brütet hier – während der Südostmonsunzeit die Noddy-Seeschwalben, das ganze Jahr über verschiedene Sturmtaucherarten, Mangrovenreiher, Madagaskarweber, die wunderschönen, eleganten Tropikvögel und die schneeweißen Feenseeschwalben, der »toc-toc«, der Seychellenweber und vor allem der

Junger Tropikvogel

Seychellenrohrsänger *(brush warbler)*, zu dessen Erhalt das Schutzgebiet ursprünglich errichtet wurde.

Bootsverbindungen: Die Boote starten von Grand' Anse (s. S. 73 f.) oder Baie Ste. Anne (s. S. 69 f.) auf Praslin, die Überfahrt dauert etwa 15 Min. (Details unter www.nature.org.sc).

Das Naturreservat Cousin steht Besuchern an drei Tagen in der Woche offen. Eine Lande- und Führungsgebühr ist im Preis der Reiseagenturen normalerweise eingeschlossen, auf eigene Faust sollte man die Insel nicht erkunden. Die Führungen werden in Englisch oder Französisch durchgeführt, eine kleine Broschüre mit den Beschreibungen der Vögel gibt es normalerweise auch auf Deutsch. Auf Cousin nicht erlaubt sind Picknicken, Baden, Rauchen sowie das Sammeln von Eiern, Muscheln und Schnecken. Beim Fotografieren sind weder Blitzlicht noch Stativ erwünscht.

Die Anfahrt erfolgt im Motorboot, zur Landung wird in einem Schlauchboot übergesetzt. Die Insel kann normalerweise das ganze Jahr über besucht werden, auch wenn zwischen Mai und September raue See herrscht. Die Anfahrt kann etwas feucht verlaufen. Schützen Sie die Kamera gegen Spritzwasser.

Karettschildkröte bei der Eiablage

Abstecher Insel Cousine ㊳

Auf diesem nur 25 ha großen Eiland, etwa 6 km vor der Westküste Praslins, sind zwölf der äußerst seltenen Schamadrosseln zu Hause, außerdem fünf weitere endemische Vogelarten. Außerdem ist die unter Naturschutz stehende, nur Hotelgästen vorbehaltene Insel von einer artenreichen Unterwasserwelt umgeben. Schnorcheln ist von September bis Januar möglich. Aus Umweltschutzgründen muss man im Hotel – trotz der hohen Preise – auf einige Annehmlichkeiten verzichten.

Flugverbindungen: Hubschraubertransfer für Gäste (von Mahé 15 Min.)

Cousine Island Resort, Tel. 32 11 07, Fax 32 38 05, cousine@seychelles.net, www.cousineisland.net. Vier Villen im Kolonialstil für maximal zehn Gäste, Swimmingpool, Mindestaufenthalt drei Nächte, keine Kinder unter 15 Jahren. ○○○

Zur *Anse Georgette

Nach Grand' Anse macht ein Verkehrsschild auf den kleinen **Flughafen** aufmerksam. Gegenüber liegt die **Praslin Ocean Farm,** in der man einiges über die Zucht von Muscheln erfährt und aus Perlen gefertigte Schmuckstücke kaufen kann (Mo–Fr 9–16 Uhr).

Seychelles Tourist Office, Flughafen Praslin, Tel. 23 33 46.

Flugverbindungen: Verbindung mit Mahé, Reservierung Tel. 28 46 12.

Anse Kerlan ㊴

Der Strand des gleichnamigen Ortes hat schönen, weißen Sand, das Wasser ist tief genug zum Schwimmen.

Lemuria Resort, Anse Kerlan, Tel. 28 12 81, Fax 28 10 01, www.lemuriaresort.com. Luxuriöse Bungalowanlage mit 18-Loch-Golfplatz. ○○○

The Islander's, Tel. 23 32 24, Fax 23 31 54, www.the-islanders.com. Selbstversorgerbungalows in Strandnähe. ○○

Capricorn, Tel. 23 32 24. Neben dem The Islander's. Kreolische Küche. ○○

Tipp: Eine Rarität auf den Seychellen ist bisher Speiseeis geblieben. In diese Marktlücke stieß ein deutscher Auswanderer, der aus tropischen Früchten köstliches Eis herstellt, das inzwischen in einigen Restaurants Einzug gehalten hat. Wer gleich die verschiedenen Sorten probieren möchte, folge kurz vor den Islander's Bungalows dem Hinweisschild **Jessy's Ice Cream.**

Strände im Nordwesten

Etwas weiter (an der vorletzten Bushaltestelle, bevor der Bus hinauf nach Mont Plaisir fährt) erreicht man auf einer holperigen Sandpiste am besten zu Fuß (ca. 30 Min.) den westlichsten Punkt Praslins, die **Pointe Ste. Marie.**

Umschlag vorne

Seite 66

Petite Anse Kerlan

Von diesem Picknickplatz aus kann man die schönsten Sonnenuntergänge Praslins erleben. Das Kreuz auf den Felsen erinnert an ein Kind, das hier ertrunken ist.

Die kleine Bucht nebenan, **Petite Anse Kerlan,** lädt zum Schwimmen ein, wenn nicht gerade hoher Wellengang herrscht. Eine der schönsten Seychellen-Buchten, die ***Anse Georgette** ㊵**,** liegt hinter dem nächsten Felsvorsprung und besitzt einen wunderschönen Sandstrand (Wellengang von Dezember bis März). Man erreicht sie allerdings nur auf dem Wasserweg.

Wanderung

Von der Bushaltestelle Mont Plaisir kann man über die Anse Lazio (s. S. 64) nach Anse Boudin wandern (Gehzeit 1,5 Std., von dort wieder Busanschluss). Die Strecke ist auch teilweise auf einem Mountainbike zu bewältigen. Zunächst geht es von der Siedlung Belle Vue auf einer ausgewaschenen Sandpiste weiter bis zu einer kahlen Bergkuppe. Von hier aus ist die Anse Lazio bereits zu sehen, dahinter Booby Island und Aride (s. S. 65).

**La Digue

Bizarre Granitfelsen in weißem Sand

Wahre Kompositionen aus Granit, Sand und Kokospalmen sind die fotogenen Strände dieser beliebten Insel. Sie versetzen nicht nur den Urlauber in Entzücken, sondern ziehen auch immer wieder Mode- und Werbefotografen an, die hier für ihre Aufnahmen das gewisse tropische Flair finden.

La Digue gilt noch immer als nostalgisches Plätzchen, auf dem vor allem Ochsenkarren verkehren. Jetzt transportieren sie meist für gutes Geld Touristen. Inzwischen sind auch Autos dazugekommen und die Idylle hat bereits Kratzer abbekommen. Aber solange das Fahrrad weiter Hauptverkehrsmittel bleibt, ist es um den Charme der Insel noch nicht geschehen. Man sollte möglichst ein paar Tage einplanen, um La Digue kennen zu lernen.

Die Osthälfte der Insel wird von einem Bergrücken mit dem großartigen Namen Adlerhorst *(Nid d'Aigles)* eingenommen. Die Besteigung des höchsten Punktes (333 m) ist wegen des unwegsamen Geländes nur Abenteurernaturen zu empfehlen.

Der Nordwestteil von La Digue besteht aus einer flachen Ebene, die sich gut für eine landwirtschaftliche Nutzung eignet. Sie fällt leicht ins Landesinnere ab, was zur Folge hatte, dass sich am Fuß des Bergrückens Sümpfe bildeten, die zum Teil zugeschüttet wurden, zum Teil aber heute noch existieren. Vor allem während der Regenzeit zwischen Dezember und Februar füllen sie sich mit Wasser.

Seite 82

Ochsenkarren dienen auf La Digue als Taxen

Es ist nicht einfach, an das Fleisch der Kokosnuss zu gelangen

Wurde die Insel bereits 1744 von Lazare Picault entdeckt, erhielt sie erst 20 Jahre später den Namen La Digue nach dem Schiff, mit dem der Franzose Dufresne 1768 die Seychellen erkundete. Heute leben die etwa 2000 Einwohner vom Fischfang, Bootsbau und der Landwirtschaft, zunehmend auch vom Tourismus. Geschäfte, Banken und Gästehäuser konzentrieren sich auf die einzige größere Ortschaft La Réunion, weitere kleine Ansiedlungen verteilen sich über die 10 km² große Insel. Bis auf die Südostseite umgibt sie ein Korallenriff, so dass an vielen Buchten Baden und Schnorcheln möglich ist.

Inmitten der dichten Vegetation mit Albizien, Kasuarinen, Kokospalmen, Takamaka-, Brotfrucht- und Indischen Mandelbäumen entdeckt man noch einige Häuser im Kolonialstil, an denen die Zeit jedoch nicht spurlos vorübergegangen ist. Die Ochsenkarren und die ruhige Gangart der Bewohner tun ein Übriges dazu, eine entspannte Atmosphäre aufkommen zu lassen.

Per pedes und Fahrrad

La Digue erkundet man am besten mit dem Fahrrad und zu Fuß. Auf zahlreichen kleinen Wanderwegen gelangt man zu den schönsten Stränden an der Südwest- und Südostküste mit den spektakulären, riesigen Granitblöcken, durchstreift das für den seltenen Paradiesschnäpper eingerichtete Reservat oder das bergige Inselinnere.

La Passe ㊶

Die meisten Besucher kommen mit dem Boot nach La Digue. Gleich hinter dem Anlegesteg in La Passe warten Ochsenkarren-Taxis auf Kunden, mehrere Fahrradverleiher haben ihr Angebot an Drahteseln aufgereiht, hier finden sich gleich diverse Unterkünfte.

Kot Babi Guest House, La Passe, Tel./Fax 23 47 47. Kleine Anlage im kreolischen Stil, zentral gelegen. ○○

Fleur de Lys, La Passe,Tel./Fax 23 44 59, www.fleurdelysey.com. Große, geschmackvoll eingerichtete Gästezimmer für Selbstversorger in Strandnähe. ○○

Seite 82

▮ **Le Tournesol,** La Passe, Tel. 23 41 55, Fax 23 43 64. Geschmackvolle, ruhige Bungalowanlage abseits vom Strand am Weg nach Belle Vue. Gute kreolische Gerichte im Restaurant. ❍

▮ **Calou Guest House,** La Passe, Tel./Fax 23 40 83, www.calou.de. Nette Bungalows, kreolische und internationale Küche. ❍

An die Nord- und Ostküste

Sollten Sie die Einsamkeit suchen, entscheiden Sie sich für den Weg um die Nordspitze herum und an der rauen Ostküste entlang bis zur Anse Fourmis. Nach der Polizeistation von La Passe kommt man am kleinen Inselfriedhof vorbei und erreicht den malerischen Strand von **Anse Sévère.** Hier ist im Gegensatz zur folgenden **Anse Patates ㊷**, die nicht von einem Riff geschützt wird, das Wasser vor allem bei Ebbe relativ flach. Eine herrliche Aussicht auf das Meer und die umliegenden kleinen Inseln (Petite und Grande Sœur, Île Cocos, Félicité) bieten die Restaurants der beiden Hotels an der ruhigen Anse Patates.

Hôtel L'Océan, Anse Patates, Tel. 23 41 80, Fax 23 43 08, www.hotelocean.info. Geschmackvolles kleines Hotel oberhalb der Bucht, sehr gutes Restaurant. ❍❍❍

▮ **Patatran Village,** Anse Patates, Tel. 23 43 33, Fax 23 43 44, www.the-seychelles.com/patatran. Anlage mit kleinen Bungalows oberhalb der Anse Patates. ❍❍

Nach einer kleinen Landzunge liegt nun die unbesiedelte Ostküste vor dem Besucher. Nicht selten weht der Wind den Sand auf den Fahrweg, und man hat etwas Mühe, mit dem Fahrrad voranzukommen.

Von der **Anse Fourmis** geht es nur noch zu Fuß weiter auf einem kleinen Pfad zur **Anse Cocos** (ca. 30 Min., s. S. 82).

Echte Vanille

Die ursprüngliche Heimat der Vanille ist Mexiko. Nur dort leben Vögel und Insekten, welche die kompliziert geformte Blüte auf natürliche Weise bestäuben können. Außerhalb Mexikos muss die Befruchtung künstlich vorgenommen werden. Dies ist vor allem deshalb eine aufwändige Angelegenheit, da sich die cremefarbenen Blüten lediglich für drei Stunden öffnen und dann abfallen, falls keine Bestäubung von Hand erfolgte. Die Pflanze entwickelt im Laufe von ca. sechs bis acht Monaten Büschel zunächst grüner Schoten, die ab Mai geerntet und anschließend mehrere Wochen auf Holzrosten in der Sonne getrocknet werden. Im Verlaufe dieser Zeit verfärben sich die Schoten dunkelbraun, und es entwickelt sich das süß duftende Vanillin. Die echte Vanille ist ein Orchideengewächs und benötigt ein Klettergerüst, an dem sie sich bis zu 10 m hochranken kann. Man pflanzt deshalb zunächst kleine Bäume. Der Anbau von Vanille wirft heute auf den Seychellen keine großen Erträge mehr ab. In der Nähe von ehemaligen Plantagen findet man noch viele wild wachsende Vanilleranken (s. S. 19).

West- und Südküste

Die meisten Besucher biegen jedoch am Hafen von La Passe beim **Café Tarosa** rechts ab in die »Flaniermeile« von La Digue, einen breiten Pflasterweg, über den sich von beiden Seiten Schatten spendende Kokospalmen neigen. Er führt durch die Ortschaft **La Réunion ㊸,** vorbei am Krankenhaus, einer Boutique, kleinen Läden, zwei Banken und Reiseagenturen.

La Digue Island Lodge, La Réunion, Tel. 23 42 33, Fax 23 41 00, www.ladigue.sc. Größtes, komfortabelstes Hotel der Insel mit Pool, Tauchzentrum und Restaurant. ❍❍❍

Rising Sun, La Réunion, Tel./Fax 23 40 17. Familiäre Pension mit ausgezeichneter Verpflegung. ❍

La Digue Vev Special Reserve ㊹

Wo links der Weg zum Dorf Belle Vue abbiegt, geht es zur La Digue Vev Special Reserve. Sie besteht aus einem schmalen, frei zugänglichen Waldstreifen, in dessen Baumkronen der endemische Paradiesfliegenschnäpper *(paradise fly catcher)* lebt. Er gehört zu den seltensten Vogelarten der Erde. Im Informationsgebäude am Eingang (Mo–Fr 9–12, 13 bis 16 Uhr) erfährt man Details über die Lebensweise des Insektenfressers.

Das Fliegenschnäpper-Männchen besitzt einen auffällig langen Schwanz und ist kohlrabenschwarz, weshalb dieser Vogel auch »vev«, Witwe, heißt. Die Vögel weben ihre Nester aus Halmen und hängen sie in die äußersten Enden von dünnen Zweigen, um sie so wirkungsvoll vor Landräubern zu schützen.

Auf dem Küstenweg weiter gelangt man zur Kirche **Our Lady of Assumption.** Zu Ehren ihrer Schutzpatronin

Schoner werden auch heute noch aus Holz gebaut

Seite 82

Flinke Bootsbauer

Die Bootsbauer von La Digue galten schon seit jeher als die besten auf den gesamten Seychellen. Sie richten sich im Allgemeinen nicht nach einem Konstruktionsplan, sondern bauen das Schiff nach Gefühl. Die kleinsten Boote sind die bananenförmigen »Katiolos«, mit denen die Fischer durch die Lagunen staken. Für den Verkehr und Transport von Gütern zwischen den Inseln setzt man häufig noch Schoner ein, robuste, zweimastige Segelschiffe. Sie laufen heute ausnahmslos mit Motoren, und man setzt die Segel nur zur Unterstützung. Der Rumpf besteht weitgehend aus dem einheimischen Takamakaholz. Um die Übertragung von Baumschädlingen zu unterbinden, ist der Transport des Holzes von einer Insel zur anderen zwar verboten, doch reicht der Baumbestand von La Digue noch lange aus.

Seite 82

begehen die Einwohner Mariä Himmelfahrt (Assumption Day) am 15. August mit einem feierlichen Gottesdienst und einem Umzug. Von der La Grotte genannten Stelle mit einer auf den Felsen thronenden Marienfigur ziehen die Teilnehmer durch die mit Blumen und Palmblättern geschmückten Wege; vor den Häusern sind kleine Altäre aufgebaut. Kommunionkinder streuen Blumen, kleinere Gruppen finden sich für ein Lied zusammen. Den Abschluss bildet ein Volksfest. Ganz La Digue ist aus diesem Anlass auf den Beinen, während man auf den anderen Inseln kaum etwas von dem Feiertag merkt.

L'Union Estate ㊺

Am Ende der Hauptstraße geht es geradeaus zum L'Union Estate. Hier kann man einiges über die Kopraerzeugung erfahren, welche früher große Bedeutung für die Seychellen besaß. Auf dem Gelände wird demonstriert, wie die geernteten Kokosnüsse geschält, gespalten und dann im Ofen zu Kopra getrocknet werden. In einer ochsengetriebenen Mühle presst man anschließend aus der Kopra hochwertiges Kokosöl.

Am Eingangshäuschen gibt es auch getrocknete Vanilleschoten zu kaufen. Obwohl seit der Produktion synthetischer Vanille der Anbau der Pflanze wenig rentabel ist, wird sie auf der Plantage noch kultiviert.

Auf dem kleinen **Friedhof** gleich nach dem Eingang fanden die ersten Siedler der Insel ihre letzte Ruhestätte. Das ehemalige **Pflanzerhaus** – wie der Friedhof ein Nationaldenkmal – ist nicht zu besichtigen. Am Fuß des mächtigen **Giant Union Rock** leben einige Riesenlandschildkröten in einem großen Gehege. Auf dem Gelände werden auch Pferde gehalten, die für Ausritte zur Verfügung stehen.

Auf der Fahrt weiter in Richtung Süden passiert man die offenen Hallen einer kleinen Bootswerft, in der die Holzschoner der Einheimischen repariert oder auch neu gebaut werden (s. S. 79). Für das Betreten des Geländes ist ein geringer Eintrittspreis zu zahlen.

L'Union Estate Chalets, Tel. 29 25 25, Fax 23 41 32, www.ladigue.sc. Neu errichtete, komfortable Bungalows, auch Selbstversorgung möglich; Restaurant. ○○○

**Anse Source d'Argent ㊻

Der Weg endet an den berühmten und meistfotografierten Stränden der Anse Source d'Argent. Eine »Silberquelle«, wie es der Name verspricht, ist dort zwar nicht zu finden, dafür aber feinster silbriger Sand. Ein Pfad schlängelt sich zwischen den mächtigen, wie von einem Künstler bearbeiteten Granitblöcken hindurch, für die La Digue so berühmt ist. Dazwischen ragen einzelne grazile Kokospalmen heraus. Das glasklare Meer ist hier wegen der vorgelagerten Riffe ziemlich flach, Schwimmen und Schnorcheln sind bei Flut aber durchaus lohnend.

Der Südosten

Vor dem L'Union Estate biegt der Hauptweg ins Landesinnere ab. Er führt zunächst durch ein teilweise trockengelegtes Sumpfgebiet, das **Mare Soupape,** so benannt nach einer kleinen, hier lebenden Süßwasser-

Die bizarren Granitformationen an der Anse Source d'Argent ziehen jeden Besucher in ihren Bann

Seite 82

schildkröte. Auch Moorhühner und Rohrdommeln lassen sich hier beobachten.

An einer Straßenverzweigung wendet man sich nach rechts und erreicht die **Grand Anse ㊼**, die größte – und beliebteste – Badebucht von La Digue. Da kein Korallenriff vorgelagert ist, muss man von Mai bis September mit starker Brandung rechnen.

Wer noch Unternehmungsgeist verspürt, kann zu den sich anschließenden Stränden **Petite Anse** (ca. 30 Min.) sowie **Anse Cocos** (weitere 30 Min.) hinüberwandern, um sich dort ein einsames Plätzchen zu suchen.

Bootsverbindungen:
mehrmals tgl. nach Praslin,
Mo–Fr einmal tgl. nach Mahé.
Hubschraubertransfer:
nach Mahé, Landeplatz auf dem L'Union Estate.

*Frégate, *Silhouette und North

Inseln für Entdecker

Das östliche und westliche Ende der Granitinselgruppe bilden die Inseln Frégate und Silhouette mit ihrer kleinen Schwester North. Alle drei haben zwar ein Hotel, befinden sich aber sonst weitgehend im »Rohzustand«. Es gibt weder Straßen noch Autoverkehr, dafür schroffe Felsen und tropischen Urwald. Erlebnisreiche Tage erwarten die Gäste, denen die Inseln während ihres Urlaubs fast ganz gehören. Die größte und wildeste ist Silhouette, eine Insel, auf der man sich sogar verlaufen kann. Kleiner und lieblicher präsentieren sich dagegen Frégate und North, die sich in wenigen Tagen erkunden lassen.

*Frégate – Schildkröten und Vögel

Zwei Kilometer lang, anderthalb Kilometer breit und bis auf 125 m über den Meerespiegel ragend, liegt Frégate fünfzig Kilometer östlich von Mahé. Seit 1976 die Graslandepiste angelegt wurde, kann man die Insel von Mahé aus in einer Viertelstunde mit dem Flugzeug oder auch mit dem Hubschrauber erreichen. Neben der Landebahn breitet sich auf dem ebenen Küstenstreifen an der Nordostseite eine Plantage aus. Während die ehemaligen Kokospflanzungen nur noch mehr oder weniger als Dekoration dienen und zusehends verwildern, wird das Areal hier für Obst und Gemüse zur Selbstversorgung der Bewohner und Gäste weiter bewirtschaftet. Zusammen mit wild wachsenden Zimtsträuchern, mit Bambusgehölzen, Brotfrucht- und Drachenblutbäumen, Kokos- und Schraubenpalmen wachsen viele Würgerfeigen im Urwald von Frégate.

Frégate befindet sich heute in Privatbesitz. Die touristische Entwicklung der Insel begann in den 1970er Jahren. Früher wohnten die Urlauber stilgerecht in den Zimmern des Pflanzerhauses und nahmen die damit verbundenen Unzulänglichkeiten in Kauf, inzwischen gibt es eine exklusive Hotelanlage mit 16 Villen für maximal 40 Gäste, die allen erdenklichen Luxus zu bieten hat. Das Pflanzerhaus wurde renoviert und dient als Spezialitätenrestaurant (kreolische Küche) für die Hotelgäste.

Die Buchten

Mehrere z. T. asphaltierte und sogar mit Golfcarts befahrbare Wege durchqueren die Insel und führen zu verschiedenen Stränden. Zu den schönsten zählt die ***Anse Victorin** 48, etwa eine halbe Stunde Fußmarsch vom Pflanzerhaus entfernt an der Nordwestseite.

Ebenfalls reizvoll ist die **Anse Bambous** 49 am nördlichen Ende der Landepiste. Eingerahmt von Granitfelsen, besitzen beide den feinsten Sand, der

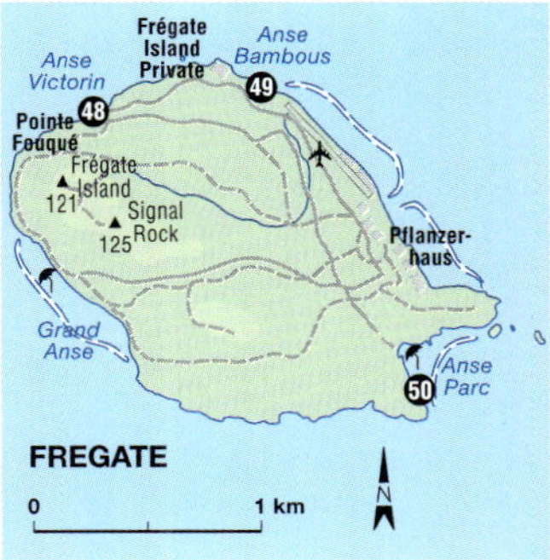

Seite 83

auf den Seychellen zu finden ist. Von keinem Korallenriff geschützt, sind sie während des Nordwestmonsuns (Dezember bis März) oft hohen Wellen ausgesetzt, Schwimmen ist dann nur mit Vorsicht möglich. An der **Anse Parc** ⑩ kann man gut schnorcheln.

Riesenlandschildkröten

Die Attraktion von Frégate sind die zahlreichen wild lebenden Riesenlandschildkröten. Sie stammen alle nicht von hier, sondern wurden von Aldabra eingeführt. Inzwischen stellt sich aber auch auf Frégate der Nachwuchs ein. Bei Wanderungen kann man die Panzertiere überall beobachten, wie sie mit ruckartigen Bewegungen herabgefallene Früchte kauen, sich unter röhrendem Stöhnen paaren oder sich in Schlammlöchern suhlen.

Seltene Vögel

Seit alters auf der Insel zu Hause ist einer der seltensten Vögel der Welt: Die Schamadrossel *(magpie robin)* sieht aus wie eine Amsel mit weißen Flügelflecken und kommt nur noch in wenigen Paaren vor. Jeder Vogel wird registriert und mit einem Fußring markiert. Für Touristen eher unscheinbar, ist die Elsterdrossel für Ornithologen jedoch eine Besonderheit. Man bekommt den zutraulichen Vogel öfters in der Nähe des Pflanzerhauses und bei Streifzügen durch die Insel zu sehen.

Frégate bietet mit seiner dichten Vegetation noch vielen anderen Vogelarten Lebensraum. Wer sich für die einheimische gefiederte Zunft interessiert, lernt hier einen guten Querschnitt davon kennen: Madagaskar- und Seychellenweber, Hirtenstare, Hollandtauben, Nektarvögel, Feen- und Noddyseeschwalben.

Häufig kreist in den Aufwinden über Land der große Fregattvogel, nach dem die Insel ihren Namen erhielt. Bevor die Menschen kamen, war

Riesenlandschildkröten – Geschöpfe der Urzeit

Einst teilten die harmlosen, Pflanzen fressenden Landschildkröten die Seychelleninseln mit Krokodilen, die gerne die Eier und Jungen der Panzertiere raubten – bis die ersten Siedler kamen und zum Selbstschutz die Krokodile ausrotteten. Kaum war die Riesenlandschildkröte ihren natürlichen Feind los, ging es ihr selbst an den Kragen. Nachdem von Zeit zu Zeit bereits Piraten die Tiere als Frischfleischvorrat mit auf ihre Schiffe genommen hatten, ernährten sich nun die Bewohner der Seychellen von ihnen, bis Anfang des 19. Jahrhunderts alle ausgestorben waren. Nur auf dem abgelegenen Aldabra-Atoll überlebte eine Kolonie. Von dort stammen alle jene Tiere, die es heute auf den verschiedenen Seychelleninseln zu sehen gibt. Auf Frégate (wie auf Curieuse) haben sie sich bereits zahlreich vermehrt. Erstaunlicherweise können die mächtigen Panzertiere sogar gut schwimmen. Kein Tier wird älter als die Riesenlandschildkröte. Ob sie jedoch die legendären 200 Jahre erreicht, die ihr mitunter zugesprochen werden, ist nicht bewiesen. Den angeblich ältesten von ihnen, dem berühmten Esmeralda von Bird Island und seinem Kollegen Agamemnon(s. S. 90), räumt man allerdings mehr als 150 Jahre ein.

Seite 87

Riesenlandschildkröten bevölkern heute die Insel Frégate

er hier König gewesen und die Insel einer seiner bevorzugten Brutplätze (heute brütet er jedoch nur noch auf Aldabra).

Bootsverbindungen und **Hubschraubertransfer** nur für Hotelgäste.

Frégate Island Private, Luxus-Bungalowanlage mit tollem Spa. Info und Buchung in Deutschland: Tel. 0 69/83 83 76 35, Fax 83 83 76 36, www.fregate.com. OOO

*Silhouette – Geheimnisvoll und ursprünglich

Schroff steigt die 20 km² große, 19 km nordwestlich von Mahé gelegene Insel aus dem Meer. An ihren felsigen und abweisenden Küsten, die streckenweise von Korallenriffen umgeben sind, gibt es praktisch nur drei mit dem Boot zugängliche Sandbuchten: im Norden **Anse Mondon,** an der Westseite **Grand' Barbe** und im Osten **La Passe.** Da Silhouette auch keinen Platz für eine Landebahn bietet und nur per Hubschrauber aus der Luft erreichbar ist, blieb sie bis heute eine der unerschlossensten Inseln.

Die meisten der zweihundert Einwohner Silhouettes leben an der Anse La Passe in einem kleinen Dorf mit Schule, Kirche, Laden und Krankenhaus. Viele von ihnen arbeiten in der staatseigenen Plantage, auf der Obst und Gemüse kultiviert, Kopra gewonnen sowie Kühe und Schweine gehalten werden.

Luxus pur: Frégate Island Private

Flora und Fauna

Den Hauptteil der im Inneren bis auf 740 m (Mont Dauban) ansteigenden Insel nimmt pure Wildnis ein. Zwar wurden die ursprünglichen Wälder teilweise abgeholzt, dafür sind eingeführte Bäume nachgewachsen, vor allem schnell wachsende Albizzien mit ihren schirmartigen Kronen, die sich überall ausbreiten.

Auf den Höhen wachsen häufig die endemischen Fleisch verdauenden Kannenpflanzen *(pitcher plant)*. Nach ihnen wurde der zweithöchste Gipfel, der Kannenberg (Mont Pot à Eau, 620 m), benannt. Hoch in den Bäumen hängen tagsüber scharenweise Fliegende Hunde (s. S. 16) mit dem Kopf nach unten. Erst am Abend werden sie aktiv und machen sich über die reifen Früchte an Mango- und Brotfruchtbäumen her.

Seite 87

Die felsige Küste von Silhouette wird nur von wenigen Sandbuchten unterbrochen

Geschichte

Der heutige Name geht auf den Finanzminister Etienne de Silhouette zurück, nach dem die Franzosen nicht nur den Schattenriss, sondern 1768 auch die Insel benannten. Vermutlich landeten arabische Seefahrer schon früher auf der Insel. Einer der ersten Siedler war um 1800 der ehemalige Korsar Jean François Houdoul. Gerüchte, nach denen er dort Schätze vergraben haben könnte, wollen nicht verstummen. Einige Unverbesserliche haben bereits an mehreren Stellen erfolglos Grabungen danach vorgenommen. An der Anse Lascars fand man eine Reihe von Gräbern, deren Herkunft nie ganz geklärt wurde.

Mausoleum und *Pflanzerhaus

Mitte des 19. Jahrhunderts ging Silhouette in den Besitz der französischen Familie Dauban über, deren Nachkommen bis 1960 dort wohnten. Die Daubans brachten Soldaten, Mediziner, Kaufleute und Sportler hervor und heirateten sogar in den Kennedy-Clan ein. Henri, der letzte der Familie, starb vor wenigen Jahren.

An die Anwesenheit der Familie erinnert neben dem Namen des höchsten Berges von Silhouette auch ein entzückendes kleines **Mausoleum** im griechischen Stil, das etwas deplatziert zwischen Kokospalmen am südlichen Ende von La Passe hervorschaut, sowie das ***Pflanzerhaus** in unmittelbarer Nähe des Anlegesteges von La Passe. Diese für Silhouette großzügige Residenz wurde im letzten Jahrhundert aus endemischen Hölzern erbaut, die heute schon zu Raritäten geworden sind. Eine Besonderheit in diesem noch gut erhaltenen Kolonialhaus ist der mit Einlegearbeiten versehene Fußboden des zentralen Wohnraumes im Erdgeschoss. Etwas abseits vom Haupthaus liegen Badestube, Küche und ein kleiner Speisepavillon. Das Gebäude wird heute gelegentlich als Unterkunft genutzt.

An die Nordküste

Am Steg von **La Passe** ㊿ landen die meisten Besucher von Silhouette. Bei niedrigem Wasserstand müssen die Passagiere in flache Boote umsteigen, was bei Wellengang etwas Geschicklichkeit erfordert und meist nicht trocken abgeht. Schützen Sie deshalb empfindliches Gepäck entsprechend. Bequemer und im Handumdrehen erledigt den Transfer von Mahé der wesentlich teurere Hubschrauber, der direkt neben dem Pflanzerhaus landen kann.

Der von Palmen wunderschön umrahmte Strand La Passe, an dem sich neben dem Dorf auch die kleine Hotelanlage befindet, erstreckt sich weit entlang der Bucht. Das Wasser ist ziemlich flach, und zum Schnorcheln muss man sich erst durch einige Korallenblöcke hindurch ins Tiefe schlängeln.

Wesentlich besser zum Schwimmen und Schnorcheln ist die Sandbucht von **Anse Mondon** ㊾ geeignet. Wer die etwas mühsame Wanderung scheut, sollte sich gleich mit dem Boot hinbringen lassen.

Nach Grand' Barbe ㊿

Lohnend, aber anstrengend ist die Durchquerung der Insel von La Passe zum Strand von Grand' Barbe. Der durch den dichten Tropenwald führende Pfad steigt rund 500 m an – eine eindrucksvolle, wenn auch schweißtreibende Wanderung (ca. 1,5 Std.).

Der Ort Grand' Barbe war früher das Zentrum der Kopraverarbeitung, was man noch unschwer an den langsam verfallenden Werkstätten und Schuppen erkennen kann. Viele in Diensten der Daubans stehende Arbeiter wohnten hier zusammen mit ihren Familien. Als die Plantage aufgegeben wurde, zogen alle jungen Leute weg – meistens nach Mahé. Nur wenige Alte blieben. Obwohl sie auch heute noch auf Elektrizität und fließendes Wasser verzichten und von dem leben müssen, was sie anbauen oder im Meer angeln, möchten sie um keinen Preis den Platz verlassen, an dem sie aufgewachsen sind.

Mont Dauban 54

Mehr als 700 Höhenmeter sind bei der Besteigung des Mont Dauban zu überwinden, des zweithöchsten Bergs der Seychellen (nur mit Führer – bei den Einheimischen nachfragen). Der Gipfel hüllt sich allerdings gerne in Wolken, so dass die bis Mahé reichende Aussicht nicht unbedingt garantiert ist.

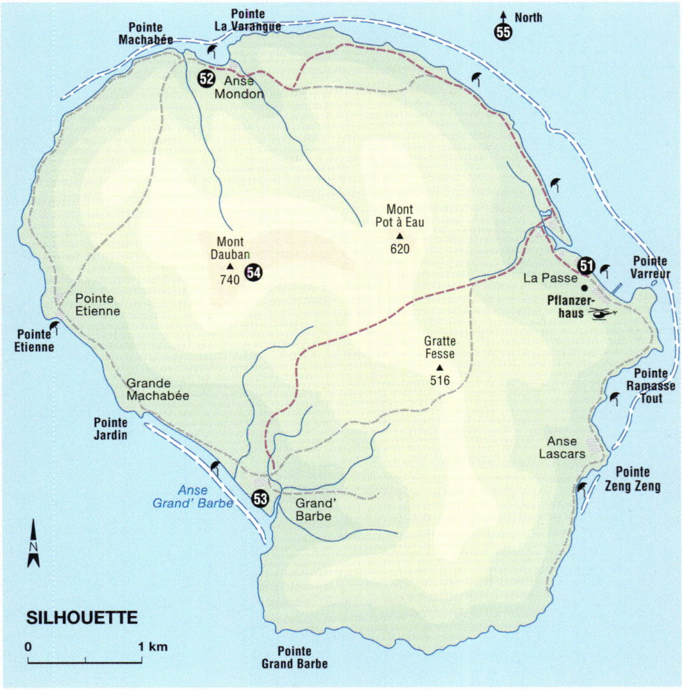

Um-
schlag
vorne

Hubschrauber- oder **Bootstransfer** sind nur über die Lodge (s. u.) zu buchen.

Silhouette Island Lodge, Tel. 22 40 03, Fax 22 48 97, www.silhouette-seychelles.com; Reservierung: Tel. 37 36 88, Fax 37 36 08. Das einzige Hotel der Insel liegt, durch einen Lagunenarm vom Dorf La Passe getrennt, direkt am Meer.
Es verfügt über nicht mehr als zwölf strohgedeckte, luftige, nett eingerichtete Einzelbungalows aus Holz, die Meerblick haben.
Nur mit Vollpension zu buchen. ⚪⚪⚪

Insel North (Île du Nord) 55

North war 1609 eine der ersten Seychelleninseln, die von Europäern erforscht und eine der letzten, die in den vergangenen Jahren touristisch erschlossen wurde. Die Gäste der 2002 eröffneten Lodge werden ausführlich über aktuelle Naturschutzprojekte informiert und dürfen auch aktiv daran teilnehmen. Aktivurlauber können neben Spaziergängen über die hügelige Insel auch Ausflüge zum Tauchen, Angeln oder Kajakfahren sowie zur großen Schwesterinsel Silhouette ein paar Kilometer südlich unternehmen. Schwimmen und Schnorcheln sind gleich vor der Insel möglich.

North Island Lodge, Tel. 29 31 00, Fax 29 31 50, www.north-island.com. Zwölf Luxusvillen mit privatem Pool und Internetanschluss, Spa, Restaurant; Hubschraubertransfer von Mahé (20 Min.) nur für Gäste. ⚪⚪⚪

Zum Hausbau wird heute eher Wellblech als Holz verwendet

**Bird, Denis, Desroches und Alphonse

Klein, aber fein

Bird, Denis, Desroches und Alphonse sind wunderschöne flache Koralleneilande, die nur ein paar Meter aus dem glasklaren Meer ragen. Sie bestehen aus Kalk, der jahrhundertelang von Korallen aufgebaut wurde. Völlig einsam liegen Bird und Denis nördlich, Desroches und Alphonse südwestlich von Mahé, jedes ein kleines Ferienparadies für sich und mit dem Flugzeug schnell zu erreichen. Tagesbesuche sind nicht möglich.

Alle vier Inseln wurden um 1770 von französischen Seeleuten entdeckt. Denis erhielt den Vornamen des Kapitäns des Entdeckerschiffes, Desroches den Namen des damals auf Mauritius amtierenden Gouverneurs, Bird Island hieß ursprünglich *Ile aux Vaches,* weil man angeblich Seekühe in den inselnahen Gewässern beobachtet hatte und der Name Alphonse geht auf den Inselentdecker zurück.

Auf allen Inseln war bis vor kurzem eine Kokosplantage in Betrieb (auf Desroches wird in geringem Maße noch immer Kopra produziert), deshalb sind sie reich mit Palmen bewachsen. Jede besitzt weite Lagunen, saubere, weiße Strände, auf denen man die Inseln umwandern kann, herrliche Bade- und Schnorchelmöglichkeiten, einen großen Fischreichtum und interessante Tauchreviere.

Alle haben den Vorzug, dass auf ihnen nichts los ist. Sie sind das richtige Ziel für jene, die ihren Gedanken nachhängen möchten, denen ein

Umschlag vorne

Direkt vor der Lodge auf Bird kann man sich ins Wasser stürzen

Buch, ein lauer Abend vor dem Bungalow und das Naturschauspiel des Sonnenuntergangs über dem weitem Meer genügen.

Jedes Eiland bietet eine Hotelanlage, die im Bungalowstil gehalten und harmonisch ihrer Umgebung angepasst ist. Auf den Koralleninseln nützt man Regenwasserreservoirs zur Trinkwassergewinnung, das Wasser zum Duschen kann leicht salzig sein, weil es aus dem Grundwasser stammt.

**Bird – nicht nur für Ornithologen

110 km von Mahé entfernt und nicht einmal einen Quadratkilometer groß, ist Bird Island der nördlichste Vorposten des Seychellen-Archipels. Ende der Sechzigerjahre ließ der jetzige Besitzer Guy Savy alle Kokospalmen am Nordostende roden, um den Seevögeln, die vor der Besiedlung auf die Insel zum Brüten kamen, die Rückkehr zu ermöglichen. Sie haben das Angebot dankbar angenommen.

Bird macht seinem Namen alle Ehre

Heute sind es über eine Million Rußseeschwalben, die jedes Jahr zwischen April und Oktober hier ihre Eier legen und lärmend mit den Jungen das Fliegen üben. Den Rest des Jahres verbringen die Vögel über dem offenen Meer. Besucher können den Brutbetrieb aus nächster Nähe miterleben.

Auf der Insel nisten auch Noddy- und Feenseeschwalben, die gerne zu zweit ihre Runden drehen. Viele andere Vögel sind das ganze Jahr über auf Bird Island zu Hause, darunter die Sperbertäubchen, Madagaskarweber, Hirtenstare und Steinwälzer. Hoch über der Insel kreisen große Fregattvögel, die von der weit entfernten Insel Aldabra herüberkommen.

Von Aldabra stammen auch Esmeralda und Agamemnon, die ältesten Bewohner von Bird Island. Esmeralda – übrigens ein Männchen – soll 300 kg wiegen und über 150 Jahre auf seinem mächtigen, 1,8 m langen Panzer herumschleppen. Obwohl es nicht belegt ist, gilt er als die älteste Riesenlandschildkröte der Welt. Augenscheinlich genießt er es, Mittelpunkt zu sein. Gerne lässt er sich fotografieren und mit reifen Papayafrüchten füttern (s. auch S. 84).

Zu den übrigen Bewohnern zählen neben den Besuchern die Angestellten. Obst, Gemüse und Schweine-

Umschlag vorne

fleisch stammen aus inseleigener Produktion. Da Bird Island nur eine Seemeile weit vom Abbruch des Seychellenplateaus entfernt liegt, können Hochseeangler von hier aus leicht zu interessanten Fischgründen gelangen. Hochseeangelboote sind vorhanden, die Ausrüstung sollte man mitbringen.

Zum Schnorcheln empfiehlt sich der südöstliche Teil der Insel, dem ein Korallenriff vorgelagert ist. Das Wasser ist teilweise flach; auf Strömungen

Beim Schnorcheln begegnet man vielleicht einer Karettschildkröte

Meeresschildkröten

Ideale Lebensbedingungen fanden von jeher die Meeresschildkröten in den Gewässern der Seychellen: Seegras, Korallen und tausend Sandstrände, an denen sie ungestört ihre Eier im Sand vergraben konnten.

Mit dem paradiesischen Leben war es jedoch vorbei, als Menschen in die Region kamen. Sie gruben die schon immer als Delikatesse geschätzten Eier aus und schlachteten die beim Landgang unbeholfenen Muttertiere zu Tausenden ab: die **Suppenschildkröte,** um ihr Fleisch zu essen und Suppen daraus zuzubereiten, die **Echte Karettschildkröte,** um ihren schönen Panzer nach Europa zu verschicken, aus dem man dort Kämme, Fächer, Schmuck und sogar Lampen fertigte.

Alle Schildkrötenarten stehen auf den Seychellen inzwischen unter Naturschutz, und der Export von Schildpatt ist verboten. Nur in der Gegend um Aldabra erfreuen sich die Meeresschildkröten noch ungestört ihres Lebens. Auf den nördlichen Seychellen ist die Suppenschildkröte praktisch ausgerottet worden.

Etwas besser steht es um die Karettschildkröte. Ihr kann man beim Tauchen und Schnorcheln hier und da noch begegnen und sie mit viel Glück sogar bei der Eiablage beobachten – oder zumindest ihre Spuren im Sand entdecken, die wie der Abdruck einer mächtigen Panzerkette aussehen. Im Gegensatz zu anderen Gegenden der Welt kommen Meeresschildkröten auf den Seychellen tagsüber an Land, in der Zeit zwischen Oktober und Februar. Die – allerdings sehr geringe – Chance, eines der Tiere bei der Eiablage zu beobachten, hat der Tourist noch am ehesten während eines Aufenthaltes auf den Koralleninseln, wie z. B. Bird, Denis und Desroches. Auf den Hauptinseln der Inneren Seychellen kommen sie nur noch höchst selten an Land, schon eher in den streng überwachten Naturschutzgebieten Ste. Anne Marine National Park, Curieuse, Aride und vor allem auf Cousin.

Umschlag vorne

ist zu achten. Im Westen lädt direkt vor der Lodge mit ihren 25 einzeln stehenden Bungalows ein herrlicher Badestrand zum Schwimmen ein.

Flugverbindungen: tgl. Verbindung Mahé–Bird Island (30 Min.), Landebahn liegt im Südosten der Insel.

Bird Island Lodge,
Tel. 32 33 22, Fax 32 33 35; Reservierung Tel. 22 49 25, Fax 22 50 74, www.birdislandseychelles.com. Bungalows mit Veranda und Meerblick, nur Vollpension. OOO

Denis – Schnorcheln mit Adlerrochen

Als Schwesterinsel von Bird könnte man Denis bezeichnen; sie liegt 50 km weiter östlich. Die Entfernung nach Mahé beträgt 90 km. Mit 1,4 km² ist sie zwar etwas größer als Bird, ihr sonst aber nicht unähnlich. Ebenso flach und etwas länglich geformt, hat auch sie ein Korallenriff an der Ost- und Südküste. Allerdings ist Denis weitaus dichter bewachsen. Verschwenderisch gedeihen Kokospalmen, aber auch Kasuarinen, Takamaka- und Indische Mandelbäume. Zahlreiche Wege führen durchs Inselinnere, wo viele Vögel leben, z. B. Madagaskarweber und Feenseeschwalbe.

Mekka der Hochseeangler

Auch von Denis aus ist man vom Rand des Seychellen-Plateaus mit seinem Fischreichtum nicht weit entfernt, ein Grund, warum Hochseeangler die Insel besonders schätzen. Boote und Angelausrüstung stehen zur Verfügung. Die Hobbyangler sorgen auch dafür, dass täglich frisch gefangener Fisch auf den Tisch kommt. Wie fast überall bleibt ihnen nur das »Beutefoto«, während die Bonitos, Dorados oder ein Segelfisch sogleich in der Küche der Insellodge verschwinden.

Blühende Korallenriffe sind zunehmend gefährdet

Unberührte Tauchgründe

Seit Anfang der Neunzigerjahre verfügt die Insel über eine Tauchbasis. Gute und vor allem bisher unberührte Tauchgründe gibt es gleich in der Nähe. Herrliche Badestrände findet man am Nordwestende vor den Bungalows. Hier sind auch die interessanten Schnorchelreviere, wo man häufig Adlerrochen und Karettschildkröten begegnen kann. Es bestehen auch Möglichkeiten zum Segeln und Windsurfen.

Bevölkerung

Auf Denis leben ebenso viele Einheimische wie die Hotelanlage Gäste beherbergen kann (zwischen 50 und 60). Sie wohnen in der ehemaligen Pflanzersiedlung, die sich gleich hinter der Landebahn ertreckt.

Einige alte Häuser sind noch erhalten, außerdem der noch funktionstüchtige Leuchtturm, der schon einmal aufgestockt werden musste, da die Kokospalmen ihn zu überragen drohten. Auf dieser Seite der Insel wird auch Vieh gehalten und Gemüse angepflanzt. Die Insel befindet sich in Privatbesitz.

Umschlag vorne

Denis Island Lodge – idealer Ort zum Entspannen

Aus Palmenblättern werden Flechtarbeiten gefertigt

Flugverbindungen: Mahé–Denis tgl. außer Mi und Sa (30 Min.), auch Hubschraubertransfer.

Denis Island Lodge, Tel. 32 11 43, Fax 32 10 10; Reservierung: Tel. 32 33 92, Fax 32 41 92, denis@seychelles.net. Die geräumigen Bungalows der Hotelanlage stehen versetzt in Zweierreihen an der West- und Nordküste. Tipp: Wenn Sie den Sonnenuntergang unmittelbar vom Bungalow aus beobachten möchten, versuchen Sie, eine Unterkunft in der ersten Reihe an der Westseite zu bekommen. Restaurant, Bar, nur Vollpension. ❍❍❍

Desroches – einfach abtauchen

230 km südwestlich von Mahé liegt die 5 km lange und 1 km breite Insel. Sie gehört zur Gruppe der Amiranten und ist mit dem Flugzeug erreichbar. Weißer Sandstrand umgibt Desroches. Mit wenigen Unterbrechungen kann man in einem halben Tag die Insel zu Fuß umrunden (am besten bei Ebbe). Man sollte auf keinen Fall barfuß losgehen, da teils scharfe Korallensteine bis an den Strand reichen. Wer Schatten bevorzugt, streift zu Fuß durchs dicht bewachsene Innere der Insel oder leiht sich eines der Hotelfahrräder.

Siedlung und Leuchtturm

Durch Palmenplantagen führt von der Landebahn ein Weg parallel zur Küste zur alten Siedlung, die Plantagenarbeiter leben heute noch, wenn auch in bescheidenerem Umfang, von der Kopragewinnung. Einst war dies die einzige Erwerbsquelle der Inselbewohner, und Kopra von Desroches galt als die hochwertigste des Indischen Ozeans. Das schönste Gebäude im Dorf ist das 1925 errichtete »White House«, das jetzt dem Inselverwalter als Wohnung dient. Vom Leuchtturm am östlichen Ende der Insel kann man eine herrliche Aussicht genießen.

Auf Desroches sind eine Reihe von Vögeln anzutreffen, darunter Sperbertäubchen, Seychellenweber und Feenseeschwalben.

Dass frischer Fisch auf dem Speiseplan der Lodge steht, dafür sorgen nicht zuletzt die Hochseeangler, für

Umschlag vorne

Am Brunnen in der Siedlung von Desroches

die die Region der Amiranten ein Dorado ist. Plaketten am Wassersportzentrum verkünden stolz Rekordfänge, darunter Marlins und Segelfische.

Paradies für Taucher

Für Taucher ist Desroches die beste Adresse der Seychellen. Die Insel liegt auf einem unterseeischen Atollring, der zum offenen Meer steil abfällt und mit vielen Schluchten, Grotten und Tunneln durchsetzt ist. Von November bis Mai finden erfahrene Taucher hier sehr gute Bedingungen vor, von Mai bis September ist Tauchen nur in der flachen Lagune möglich. Das dem Hotel angegliederte Tauchzentrum bietet Kurse und Ausflüge zu den interessantesten Tauchgründen an.

Den schönsten Badestrand findet man unweit der Landepiste im Westen. Andere gute Plätze zum Schwimmen und Schnorcheln gibt es an der Nordwestseite zwischen der Insellodge und der Siedlung (Hinweisschilder), auch wenn das Wasser bei Ebbe häufig etwas flach ist. Auch Windsurfen und Kanufahren sind möglich.

Flugverbindungen: fünfmal wöchtl. Verbindung nach Mahé (ca. 30 Min.).

Desroches Island Lodge, Tel. 22 90 03, Fax 22 00 02; Reservierung: Tel. 32 32 20, Fax 32 20 26, www.7south.net. Geräumige Unterkünfte in 20 Doppelbungalows, Pool, Tauch- und Angelzentrum. Vollpension. ○○○

Alphonse – mitten im Ozean

Das dreieckige Korallenatoll 400 km südlich von Mahé bietet neben einem Luxusresort vor allem Riffe und eine Lagune, die das Eiland zu einem Paradies für Fliegenfischer machen. Bootsausflüge zum Tauchen und Angeln werden vom Resort angeboten. Auch die Nachbarinseln Bijoutier und St. François sind bequem per Boot zu erreichen.

Flugverbindungen: fünfmal wöchtl. Verbindung nach Mahé (ca. 1 Std.).

Alphonse Island Resort, Tel. 22 90 30, Fax 22 90 34, Reservierung: Tel. 32 32 20, Fax 32 20 26, alphonse@seychelles.net, www.alphonse-resort.com. Fünf Luxusvillen und 25 Chalets, alle mit Meerblick. ○○○

Die Falterfische gehören zu den farbenprächtigsten Riffbewohnern

Infos von A–Z

Ärztliche Versorgung

In den großen Hotels macht normalerweise eine Krankenschwester Dienst. Privatärzte haben sich hauptsächlich in Victoria niedergelassen, sie sind auf den gelben Seiten des Telefonbuchs aufgelistet.

Das Zentralkrankenhaus mit Zahn- und Augenklinik befindet sich auf Mahé in Victoria (Mont Fleuri Road), ein weiteres in Anse Royale; in den größeren Ortschaften der Hauptinsel gibt es Krankenstationen. Praslin hat zwei Kliniken (in Baie Ste. Anne und Grand' Anse), La Digue eine.

- Victoria Hospital: Tel. 38 80 00;
- Anse Royale Tel. 37 12 22;
- Baie St. Anne Hospital: Tel. 23 23 33;
- La Digue Logan Hospital: Tel. 22 42 55.

Apotheken

Es gibt drei Apotheken auf Mahé, alle in Victoria:

- **Behram's Pharmacy,** in der Victoria House-Passage (beim Clock Tower), Tel. 22 55 59;
- **Fock Heng Health Care,** Revolution Avenue (gegenüber dem Polizeigebäude), Tel. 32 27 51;
- **Lai Lam Pharmacy,** Market Street (südlich des Marktes), Tel. 32 23 36. Öffnungszeiten: Mo–Fr 8–16 Uhr, Sa 8–13 Uhr.

Die Medikamentenausgabe *(Pharmacy)* im Krankenhaus (Mont Fleuri Road) ist Montag bis Freitag von 8–18 Uhr sowie Samstag und Sonntag von 8–12 Uhr geöffnet (Tel. 38 80 00). Auf Praslin und La Digue gibt es bislang keine Apotheken, jedoch ebenfalls Medikamente in den Kliniken.

Devisenbestimmungen

Ausländische Zahlungsmittel können uneingeschränkt, Seychellen-Rupien (SR) bis zum Wert von 2000 SR ein- und ausgeführt werden.

Diplomatische Vertretungen

- **Auf den Seychellen:**

Honorarkonsulat der Bundesrepublik Deutschland: Pointe au Sel, Mahé, Tel. 37 14 13.
Honorarkonsulat der Schweiz: P. O. Box 935, Victoria, Mahé, Tel. 32 21 14.
Honorarkunsulat Österreich: P. O. Box 11 81, Victoria, Mahé, Tel. 22 46 66.

- **In Deutschland** sind die Seychellen vertreten durch die Honorarkonsulate: Holzhausenstraße 2, 60322 Frankfurt/M., Tel. 0 69/15 20 03 60, Fax 15 20 03 70; Summerstraße 8, 82211 Herrsching, Tel. 0 81 52/56 94, Fax 53 67; Alter Wall 40, 20457 Hamburg, Tel. 0 40/34 66 06, Fax 3 69 50 29 00.
- **In Österreich:** Generalkonsulat, Gusshausstraße 12, 1040 Wien, Tel. 01/5 05 32 15, Fax 5 05 13 73.
- **In der Schweiz:** Honorarkonsulat, General-Guisan-Quai 22, 8002 Zürich, Tel. 01/285 79 79, Fax 202 67 38.

Einreise/Ausreise

Deutsche, Österreicher und Schweizer benötigen für die Einreise auf die Seychellen kein Visum. Der gültige Reisepass, das Rückflugticket und ein Unterkunftsnachweis genügen für eine Aufenthaltsdauer von bis zu dreißig Tagen. Für längere Aufenthalte ist eine Genehmigung notwendig, die man beim Principal Immigration Officer, Immigration Department im Immigration House in Victoria (Ecke Independence Avenue/5th June Avenue), beantragen muss. Die Postanschrift lautet: P. O. Box 430, Victoria, Mahé, Republic of Seychelles. Die Verlängerung des Aufenthaltes wird normalerweise auch noch nach Ankunft auf den Seychellen genehmigt. Gegebenenfalls muss der Besucher nicht nur das Rückreiseticket und den gültigen Reisepass vorlegen, sondern auch nachweisen, dass er finanziell für seinen Aufenthalt aufkommen kann. Bei der Passkontrolle ist ein ausgefülltes und unterschriebenes Ein-/Ausreiseformular vorzulegen. Dieser kleine Fragebogen wird bereits im Flugzeug verteilt. Ist dies nicht der Fall, finden Sie diese Formulare an den Ständen vor der Passkontrolle.

Das Tourist Information Office hat in der Ankunftshalle des Flughafens eine Vertretung, um bei der Unterkunftssuche behilflich zu sein. Mehrere Bankschalter zum Geldwechseln befinden sich am Ausgang, nach der Zollkontrolle. Unmittelbar gegenüber sind die Schalter einiger Autovermietungen, daneben befindet sich der Taxistand.

Bei der Ausreise ist zu beachten, dass der Abschnitt des Ein-/Ausreiseformulars mit dem Pass vorgelegt werden muss, ebenso der Nachweis über die bereits bezahlte Flughafengebühr (s. rechts).

Elektrizität

Die Netzspannung auf den Inseln beträgt 240 Volt (Wechselstrom). Die Stecker haben drei rechteckige Stifte (UK-Norm). Adapter sind in den meisten Hotels erhältlich.

Feiertage

1. und **2. Januar** (New Year, Neujahr), **Karfreitag** (Good Friday), **Ostersamstag, Ostersonntag** (Easter), **1. Mai** (Labour Day, Tag der Arbeit), **Fronleichnam** (Corpus Christi), **5. Juni** (»Liberation Day«, Tag der Machtergreifung), **18. Juni** (National Day, Nationalfeiertag), **29. Juni** (Independence Day, Unabhängigkeitstag), **15. August** (Assumption Day, Mariä Himmelfahrt), **1. November** (All Saints' Day, Allerheiligen), **8. Dezember** (Immaculate Conception, Mariä Empfängnis), **25. Dezember** (Christmas Day, Weihnachtsfeiertag).

Flughafengebühr

Bei der Ausreise wird von allen Besuchern über 12 Jahre eine Gebühr in Höhe von 50 US-$ (in Devisen) erhoben. Der diesbezügliche Coupon ist am Flughafen wie auch bei Banken, Reiseagenturen oder im Hotel erhältlich.

Fotografieren

Die gängigsten Filme kann man auch auf den Seychellen kaufen, doch sind sie weitaus teurer als bei uns. Nehmen Sie deshalb Ihre Filme von zu Hause mit. Digitale Speichermedien sind nicht erhältlich.

Falls Sie Ihren Vorrat im Urlaub ergänzen müssen: Es gibt zwei Fachgeschäfte in der Independence Avenue in Victoria (Photo Eden und Kim Koon). Dort wird auch für die Entwicklung ein Expressdienst (1-hour-service) angeboten. Nach Möglichkeit lassen Sie jedoch Ihre Filme lieber zu Hause entwickeln.

Geld und Währung

Die Währung des Landes ist die Seychellen-Rupie (SR), unterteilt in 100 Cents.

Empfehlenswert als Zahlungsmittel sind €-Reiseschecks. Leistungen der Hotels und Veranstalter dürfen nur in Fremdwährungen bezahlt werden; Taxi, Bus, Einkäufe und Restaurantspeisen dagegen nur in Landeswährung. Von den größeren Hotels, Restaurants und Autoverleihfirmen werden auch Kreditkarten akzeptiert, z. B. American Express, MasterCard und Visa.

Umtauschkurs: 1 SR = ca. 0,16 € bzw. 0,25 CHF (Stand: Sommer 2004).

Banken gibt es auf Mahé in Victoria, Beau Vallon, Anse Royale und am Flughafen, auf Praslin in Baie Ste. Anne und Grand Anse, auf La Digue an der Uferpromenade. Die Öffnungszeiten sind nicht einheitlich, meist Mo–Fr 8.30–14 Uhr, Sa 8.30–11 Uhr. Am Flughafen sind die Schalter bei Ankunft und Abflug der internationalen Maschinen geöffnet sowie Mo–Fr 8.30 bis 12.30 Uhr, Sa 8.30–10.45 Uhr.

Gesundheitsvorsorge

Die Seychellen sind frei von Tropenkrankheiten. Deshalb sind keine speziellen Impfungen notwendig, es sei denn, man reist aus einem Infektionsgebiet ein.

Mit Mücken (auch im Sand) muss man immer rechnen, vor allem am Abend und besonders an den windabgewandten Seiten einer Insel. Die meisten Hotels haben Klimaanlagen und/oder Ventilatoren in den Zimmern oder Moskitonetze, andere nur Räucherspiralen *(coils)* zum Abbrennen. Schutzmittel zum Auftragen kann man auch auf den Seychellen bekommen. Mitnehmen sollte man ein spezielles Gel, das nach Stichen vor Entzündungen und Juckreiz schützt.

Auch wenn Quallen in den Gewässern um die Seychellen selten vorkommen, sollte man einen Kontakt mit ihnen unbedingt vermeiden. Einige rufen schmerzhafte Hautreizungen hervor, die man durch Abreiben mit trockenem Sand oder besser mit Alkohol lindern kann.

Verletzungen – auch geringe Abschürfungen – an Korallen sollte man gleich mit Trinkwasser auswaschen und mit Alkohol desinfizieren, sonst heilen sie schlecht. Gegebenenfalls behandelt man die Wunde mit Heilsalbe, in schlimmen Fällen ist der Arzt aufzusuchen. Die bessere Variante: Fassen Sie unter Wasser nichts an, vor allem nicht, was Sie nicht kennen (Fische, Muscheln und Korallen können stechen), und tragen Sie im Meer Flossen oder Badeschuhe.

Nehmen Sie vor allem während der ersten Tage kein direktes Sonnenbad. Schützen Sie sich bei Ausflügen mit T-Shirt, Hut und Cremes mit hohem Lichtschutzfaktor. Ein Tropen-Sonnenbrand bringt nicht nur Haut-, sondern häufig auch Kreislaufprobleme. Letztere können auch durch Salzverlust auftreten; bei sehr starkem Schwitzen ist die Einnahme von Salztabletten nützlich.

Auch wenn das Leitungswasser Trinkwasserqualität hat und der hygienische Standard auf den Seychellen recht hoch ist, kann man eine Durchfallerkrankung nicht ausschließen. Die Reiseapotheke sollte entsprechende Medikamente enthalten. Da die Beschaffung von Medikamenten auf einigen Inseln ein schwieriges Unterfangen sein kann, empfiehlt es sich, auch für Beschwerden wie Schmerzen, Erkältung, Fieber, Sonnenbrand usw. entsprechende Arzneimittel mitzunehmen.

Haustiere

Zum Schutz der Inselfauna ist bei kurzen Urlaubsaufenthalten die Mitnahme von Tieren nicht gestattet. Für die Mitnahme von Tieren benötigt man eine spezielle Einfuhrgenehmigung, zu beantragen beim Ministry of Agriculture, Veterinary Division, Union Vale, Victoria, Mahé, Tel. 61 11 20. Mit einer langen Quarantäne ist zusätzlich zu rechnen.

Information

- **Seychelles Tourist Office,**
c/o The Mangum Group,
Sonnenstraße 9, 80331 München,

Tel. 0 89/23 66 21 69, Fax 23 66 21 99, seychelles@mangum.de, www.seychelles.com.

- **Air Seychelles,** Landsberger Str. 155, 80687 München, Tel. 0 89/ 55 25 33 38, Fax 54 50 68 55, www.airseychelles.de.

Kleidung

Ideal für die Tropen ist leichte Kleidung aus Baumwolle, Seide oder Viskose. Auch abends kann man sich in allen Hotels leger kleiden, lange Hosen werden bei Männern allerdings erwartet. Anzug und Krawatte können Sie zu Hause lassen – es sei denn, Sie wollen eine Hochzeit feiern (s. S. 10 f.). Warme Pullover braucht man nicht. Eine leichte Strickjacke oder ein Sweatshirt reichen aus, denn auch abends bleibt es fast immer warm. In Badebekleidung sollte man nur am Strand bzw. im Hotelgelände auftreten. Ein Taschenschirm ist nützlich gegen einen Tropenschauer, ein wasserdichter Anorak gegen Spritzwasser bei Bootsfahrten. Vergessen Sie Ihre Badeschuhe (möglichst geschlossen) nicht als Schutz gegen Korallengestein, Seeigel usw.

Krankenversicherung

Im Krankheitsfall auf den Seychellen werden die Kosten von den Pflichtkrankenkassen nicht übernommen. Eine Reisekrankenversicherung abzuschließen ist deshalb unbedingt empfehlenswert. Sind Sie privat versichert, prüfen Sie, ob Ihre Versicherung eventuelle Krankheitskosten übernimmt.

Kriminalität

Auch auf den Seychellen werden die Langfinger immer zahlreicher. Diebstähle finden nicht zuletzt an »einsamen« Stränden statt (die sich dann als gar nicht so einsam herausstellen). Lassen Sie prinzipiell keine Sachen unbeaufsichtigt liegen – auch nicht im Auto! Im Hotel (besonders auf den großen Inseln) sollten Sie bei Abwesenheit die Zimmer- und Balkontür immer verschließen, auch wenn Strand- und Nachtwächter eingesetzt werden.

Maßeinheiten

Es gilt das metrische System; nur selten werden noch die alten englischen Maßeinheiten verwendet.

Notruf

Notruf für ärztliche Hilfe (Ambulanz), Feuerwehr und Polizei: Tel. 9 99.

Öffnungszeiten

- **Büros:** Mo–Fr 8–12, 13–16 Uhr.
- **Geschäfte:** Mo–Fr 8–17 Uhr, Sa 8–12 Uhr. Manche machen Mittagspause von 12–13 Uhr. Kleine Läden am Stadtrand oder in den Dörfern bleiben häufig bis spätabends geöffnet, mitunter auch samstags und an Sonntagen. Das gilt auch für Geschäfte in Hotelnähe bzw. für Hotelboutiquen.
- **Banken:** s. S. 98.

Post/Postgebühren

Das Hauptpostamt befindet sich in Victoria (Mahé) in der Independence Avenue, unmittelbar am Clock Tower. Hier gibt es auch einen Extraschalter für Philatelisten. Öffnungszeiten: Mo bis Fr 8–16 Uhr, Sa 8–12 Uhr.

Auf Praslin gibt es Postämter in Baie Ste. Anne und Grand Anse Village. Öffnungszeiten: Mo–Fr 8–12, 14 bis 16 Uhr, Sa 8–12 Uhr.

Briefkästen findet man selbst in kleineren Ortschaften (an den Polizeistationen). Natürlich kann man seine Post auch im Hotel abgeben. Luftpostbriefe bzw. -karten nach Europa sind etwa 5 Tage unterwegs.

Ein Luftpostbrief nach Europa kostet 3,50 SR, eine Postkarte per Luftpost 3 SR.

Radio und Fernsehen

Internationale Nachrichten werden von Radio Seychelles täglich um 18 Uhr in Englisch sowie um 17 Uhr in Französisch gesendet, Kurznachrichten in Englisch um 7 und 11 Uhr, in Französisch um 7.30 sowie 21 Uhr. Radio Seychelles sendet auf 1368 kHz.

Das Programm der staatlichen Fernsehgesellschaft, Seychelles Broadcasting Corporation (SBC), besteht im Wesentlichen aus Eigenproduktionen, häufig in kreolischer Sprache. Dazu kommen englische und französische Filme sowie europäische Sendungen und US-Serien. Ausführliche Nachrichten in englischer Sprache gibt es jeden Tag um 18 Uhr. Via Satellit kann auch der amerikanische Sender CNN empfangen werden. Das Kabelnetz ist noch im Aufbau, bald soll der Empfang weiterer Auslandsprogramme möglich sein. Die meisten großen Hotels statten ihre Zimmer mit Fernsehgeräten aus und bieten einen Filmkanal an.

Souvenirs

Beliebte Souvenirs der Seychellen sind der gute Tee und Gewürze von Mahé sowie exotische Parfüme, die aus tropischen Pflanzen, Blüten und Wurzeln herstellt werden (Kreolfleurage, Anse Nord d'Est, Mahé, s. S. 63).

Groß ist die Auswahl an Vasen, Figuren und anderen Gegenständen aus Keramik in verschiedenen Töpfereien wie zum Beispiel Seypot (s. S. 52). Schöne Briefmarken mit Tier- und Pflanzenmotiven bekommt man beim Philatelistenschalter der Hauptpost am Clock Tower, Victoria, Mahé.

Eine Seychellennuss ist sicher das originellste Andenken, kostet aber umgerechnet mindestens 150 €. Achten Sie beim Kauf auf die Ausfuhrgenehmigung, die Ihnen der Händler ausstellen muss (s. S. 101). Nicht zuletzt seiner exotischen, einer Seychellennuss nachgeformten Flasche wegen ist »Coco d'Amour« beliebt, ein cremiger Kokosnusslikör, der u. a. aus dem Inneren der Coco-de-Mer-Nuss gewonnen wird.

Ansprechend, aber auch nicht billig sind die in Handarbeit gefertigten Bootsmodelle (s. S. 54).

Verlockend ist die große Auswahl an Muschel- und Schneckengehäusen. Sie werden – mit den lebenden Tieren darin – aus dem Meer geholt und an Land getrocknet, um der Nachfrage nachzukommen. Gemäß den Bestimmungen des Washingtoner Artenschutzabkommens ist jeglicher Handel mit bedrohten Tierarten oder Teilen davon strengstens untersagt, ebenso deren Einfuhr nach Deutschland, Österreich oder in die Schweiz.

Sperrgebiete

Auf Mahé sind einige Gebiete aus militärischen Gründen nicht für die Öffentlichkeit zugänglich, dazu zählen die Police Bay an der Südspitze und die Anse Polite beim Barbarons Estate im Westen sowie die zum Ste. Anne Marine National Park gehörende Gefängnisinsel Long.

Telefon/Handy/Internet

In die Länder Mitteleuropas besteht direkte Durchwahl, in den größeren Hotels kann man vom Zimmer aus ins Heimatland telefonieren. Billiger telefoniert man von den öffentlichen Fernsprechern. Die weißen *Publiphones* findet man auf Mahé, Praslin und La Digue fast ausschließlich an den Hauptstraßen. Viele davon sind Kartentelefone. Telefonkarten bekommt man in Postämtern, Tankstellen, kleinen Läden und auch in Boutiquen –

sowie in den Büros von AirTel und Cable & Wireless in Victoria, Francis Rachel Street, gegenüber der Nationalbibliothek. Von dort aus kann man auch rund um die Uhr günstig telefonieren. Für Münzfernsprecher benötigt man 1- oder 5-SR-Münzen.

Gespräche mit dem eigenen **Handy** sind möglich, wenn ein Roamingabkommen mit dem heimischen Provider besteht. Die Kosten richten sich nach den Anbietertarifen. Billiger wird es mit einer Prepaid-Karte für die Seychellennetze. Man ist dann aber nicht mehr unter seiner eigenen heimischen Telefonnummer erreichbar. Es empfiehlt sich die Benutzung eines Telefons, das zwei SIM-Karten akzeptiert oder die Mitnahme (oder Miete) eines zweiten Telefons.

Auslandsvorwahlen:

- nach Deutschland 0049,
- nach Österreich 0043,
- in die Schweiz 0041.

Die erste Null der folgenden Ortsnetzkennzahl entfällt jeweils.

- Die internationale Vorwahl für die Seychellen lautet: 0 02 48.

Internetcafés sind kaum zu finden, jedoch bieten etliche der größeren Hotels Zugang zum Internet.

Trinkgeld

Trinkgelder werden nicht unbedingt erwartet, aber ähnlich wie zu Hause ist bei gutem oder besonderes aufmerksamem Service ist ein Trinkgeld angebracht, sei es fürs Zimmermädchen, den Hotelpagen oder die Bedienung, auch wenn im Restaurant das Bedienungsgeld eingeschlossen ist.

Zeit

Die Seychellen sind der mitteleuropäischen Zeit um drei Stunden, der mitteleuropäischen Sommerzeit um zwei Stunden voraus.

Zeitungen

Die wichtigste Tageszeitung ist das Regierungsblatt *Seychelles Nation,* das nicht nur internationale Nachrichten enthält, sondern auch Informationen über Wechselkurse, Gezeitenstand usw. Es gibt auch eine Reihe von Wochenzeitungen. Die meisten werden dreisprachig abgefasst, das heißt, manche Beiträge erscheinen in Englisch, andere in Französisch oder in Kreolisch. Englische Zeitungen und Zeitschriften kann man in den Buchläden von Victoria sowie in Hotelboutiquen kaufen, inzwischen auch einige Zeitschriften in deutscher Sprache (allerdings ist es nicht unbedingt die neueste Ausgabe).

Zollbestimmungen

Zollfrei eingeführt werden dürfen für den persönlichen Gebrauch bestimmte Gegenstände sowie 2 l alkoholische Getränke, 400 Zigaretten oder 500 g Tabak, 200 ml Parfüm; außerdem zollpflichtige Artikel bis zu einem Wert von 3 000 SR pro Person über 18 Jahre (bis zu 1 500 SR pro Person unter 18 Jahre). Verboten ist die Einfuhr von Harpunen, pornographischen Videobändern oder Disketten, Pflanzen und Samen, Blumen, Früchten und Gemüse sowie Tee oder tierischen Produkten. Alle Gegenstände, die auf den Seychellen beruflich oder geschäftlich genutzt werden, sind bei der Einreise zu deklarieren.

Für die Ausfuhr der Seychellennuss ist eine Genehmigung nötig. Achten Sie darauf, dass man Ihnen beim Kauf diese Bestätigung ausstellt.

Bei Wiedereinreise ins Heimatland sind pro Person über 17 Jahre 200 Zigaretten oder 50 Zigarren oder 250 g Tabak, 2 l Wein oder 1 l Spirituosen, 50 g Parfüm, 500 g Kaffee sowie Geschenke bis zu einem Gesamtwert von 175 € bzw. 300 CHF zollfrei.

Langenscheidt Mini-Dolmetscher Englisch

Allgemeines

Guten Morgen.	Good morning. [gud **moh**ning]
Guten Tag. (nachmittags)	Good afternoon. [gud after**nuhn**]
Hallo!	Hello! [häl**loh**]
Wie geht's?	How are you? [hau **ah**‿ju]
Danke, gut.	Fine, thank you. [**fain, θänk**‿ju]
Ich heiße ...	My name is ... [mai **nehm**‿is]
Auf Wiedersehen.	Goodbye. [gud**bai**]
Morgen	morning [**moh**ning]
Nachmittag	afternoon [after**nuhn**]
Abend	evening [**ihw**ning]
Nacht	night [nait]
morgen	tomorrow [tu**morr**oh]
heute	today [tu**deh**]
gestern	yesterday [**jes**terdeh]
Sprechen Sie Deutsch?	Do you speak German? [du‿ju spihk **dsehöh**mən]
Wie bitte?	Pardon? [**pah**dn]
Ich verstehe nicht.	I don't understand. [ai **dohnt** ander**ständ**]
Würden Sie das bitte wiederholen?	Would you repeat that please? [wud‿ju ri**piht** ðät, **plihs**]
Langsamer bitte!	Could you speak a bit more slowly, please? [kud‿ju spihk‿ə bit moh **slou**li **plihs**]
bitte	please [**plihs**]
danke	thank you [**θänk**‿ju]
Keine Ursache.	You're welcome. [joh **wäll**kamm]
was / wer / welcher	what / who / which [wott / huh / witsch]
wo / wohin	where [wäə]
wie / wie viel	how / how much [hau / hau **matsch**]
wann / wie lange	when / how long [wänn / hau **long**]
warum	why [wai]
Wie heißt das?	What is this called? [**wott**‿**is** ðis **kohld**]
Wo ist ...?	Where is ...? [**wäər**‿is ...]
Können Sie mir helfen?	Can you help me? [kän‿ju **hälp**‿mi]
ja	yes [jäss]
nein	no [noh]
Entschuldigen Sie.	Excuse me. [iks**kjuhs** mi]
rechts	on the right [on ðə reit]
links	on the left [on ðə left]

Sightseeing

Gibt es hier eine Touristeninformation?	Is there a tourist information? [is‿ðər‿ə **tuə**rist infəmehschn]
Haben Sie einen Stadtplan / ein Hotelverzeichnis?	Do you have a city map / a hotel guide? [du‿ju häw‿ə **ß**iti mäpp / hoh**täll** gaid]
Welche Sehenswürdigkeiten gibt es hier?	What are the local sights? [**wott**‿ə ðə **loh**kl **ßaits**]
Wann ist ... geöffnet?	When are the opening hours of ...? [**wänn**‿ah ði **ohp**ning auers əw ...]
das Museum	the museum [ðə mju**sih**əm]
die Kirche	the church [ðə **tschöh**tsch]
die Ausstellung	the exhibition [ði egsi**bischn**]
Wegen Restaurierung geschlossen.	Closed for restoration. [k**lohsd** fə rästə**rehschn**]

Shopping

Wo gibt es ...?	Where can I find ...? [**wäə** kən‿ai **faind** ...]
Wie viel kostet das?	How much is this? [**hau**‿matsch **is**‿ðis]
Das ist zu teuer.	This is too expensive. [ðis‿is **tuh** iks**pänn**ßiw]
Das gefällt mir (nicht).	I like it. / I don't like it. [ai **laik**‿it / ai **dohnt laik**‿it]
Gibt es das in einer anderen Farbe / Größe?	Do you have this in a different colour / size? [du‿ju **häw**‿ðis in‿ə **diff**rənt **kall**er / **ßais**]
Ich nehme es.	I'll take it. [ail **tehk**‿it]
Wo ist eine Bank / ein Geldautomat?	Where is a bank / a cash dispenser? [**wäər**‿is ə‿**bänk** / ‿ə **käsch** dispännser]
Geben Sie mir 100 g Käse / zwei Kilo ...	Could I have a hundred grams of cheese / two kilograms of ... [kud‿ai häw‿ə **hann**drəd grämms‿əw **tschihs** / **tuh kill**əgrämms‿əw ...]
Haben Sie deutsche Zeitungen?	Do you have German newspapers? [du‿ju häw **dsehöh**mən **njuhs**pehpers]
Wo kann ich telefonieren / eine Telefonkarte kaufen?	Where can I make a phone call / buy a phone card? [**wäə** kən‿ai mehk‿ə **fohn**‿kohl / bai‿ə **fohn**‿kahd]

Notfälle

Ich brauche einen Arzt / Zahnarzt.	I need a doctor / a dentist. [ai **nihd**‿ə **dock**ter / ə **dänn**tist]
Rufen Sie bitte einen Krankenwagen / die Polizei.	Please call an ambulance / the police. [**plihs** kohl ən‿**ämm**bjuləns / ðə pə**lihs**]
Wir hatten einen Unfall.	We've had an accident. [wihw **häd** ən‿**äck**ßidənt]
Wo ist das nächste Polizeirevier?	Where is the nearest police station? [**wäər**‿is ðə **niə**rəst pə**lihs** stehschn]
Ich bin bestohlen worden.	I have been robbed. [ai həw bihn **robbd**]
Mein Auto ist aufgebrochen worden.	My car has been broken into. [mai **kah** həs bihn **broh**kən **inn**tu]

Essen und Trinken

Die Speisekarte, bitte.	The menu please. [ðə **männ**ju plihs]
Brot	bread [bräd]
Kaffee	coffee [**koffi**]
Tee	tea [tih]
mit Milch / Zucker	with milk / sugar [wið‿**milk** / **schugg**er]
Orangensaft	orange juice [**orr**ənd~~sch~~‿d~~sch~~uhs]
Mehr Kaffee, bitte.	Some more coffee please. [ßəm‿moh **koffi** plihs]
Suppe	soup [ßuhp]
Fisch	fish [fisch]
Fleisch	meat [miht]
Geflügel	poultry [**pohl**tri]
Beilage	sidedish [**ßaid**disch]
vegetarische Gerichte	vegetarian food [wäd~~sch~~ə**tär**iən fud]
Eier	eggs [ägs]
Salat	salad [**ßäl**əd]
Dessert	dessert [di**söht**]
Obst	fruit [fruht]
Eis	ice cream [ais **krihm**]
Wein	wine [wain]
weiß / rot / rosé	white / red / rosé [wait / räd / **roh**seh]
Bier	beer [**biə**]
Aperitif	aperitif [ə**pärr**ətihf]
Wasser	water [**woh**ter]
Mineralwasser	mineral water [**minn**rəl wohter]
mit / ohne Kohlensäure	sparkling / still [**spahk**ling / still]
Limonade	lemonade [lämmə**nehd**]
Frühstück	breakfast [**bräck**fəst]
Mittagessen	lunch [lanntsch]
Abendessen	dinner [**dinn**er]
ein Imbiss	a snack [ə‿**ßnäck**]
Ich möchte bezahlen.	I would like to pay. [ai‿wud **laik**‿tə **peh**]
Es war sehr gut / nicht so gut.	It was very good / not so good. [it‿wəs **wärri gud** / **nott**‿ßoh **gud**]

Im Hotel

Ich suche ein gutes / ein nicht zu teures Hotel.	I am looking for a good / not too expensive hotel. [aim **luck**ing fər‿ə **gud** / **nott** tu ick**spänn**ßiw hoh**täll**]
Ich habe ein Zimmer reserviert.	I have booked a room. [ai həw **buckt** ə **ruhm**]
Ich suche ein Zimmer für ... Personen.	I am looking for a room for ... persons. [aim **luck**ing fər‿ə **ruhm** fə ... **pöh**ßns]
Mit Dusche und Toilette.	With shower and toilet. [wið **schau**ər‿ənd **toi**lət]
Mit Balkon / Blick aufs Meer.	With a balcony / overlooking the sea. [wið‿ə **bälk**əni / **oh**werlucking ðə **ßih**]
Wie viel kostet das Zimmer pro Nacht?	How much is the room per night? [**hau**‿matsch is ðə ruhm pə‿**nait**]
Mit Frühstück?	Including breakfast? [in**kluh**ding **bräck**fəst]
Kann ich das Zimmer sehen?	Can I see the room? [kən‿ai **ßih** ðə ruhm]
Haben Sie ein anderes Zimmer?	Do you have another room? [du‿ju **häw** ə**nað**er ruhm]
Das Zimmer gefällt mir (nicht).	I like the room. / I don't like the room. [ai **laick** ðə ruhm / ai **dohnt laick** ðə ruhm]
Kann ich mit Kreditkarte bezahlen?	Do you accept credit cards? [du‿ju ək**ßäppt kräd**it‿kahds]
Wo kann ich parken?	Where can I park the car? [**wäə** kən‿ai **pahk** ðə **kah**]
Können Sie das Gepäck in mein Zimmer bringen?	Could you bring the luggage to my room? [kud‿ju **bring** ðə **lagg**idsch tə‿mai **ruhm**]
Kann ich von meinem Zimmer nach Deutschland telefonieren?	Can I make a phone call to Germany from my room? [kən‿ai mäik‿ə **fohn**‿kohl tu d~~sch~~**öh**məni from mei ruhm]
Gibt es hier Fahrräder zu mieten?	Is there a place to hire bikes around here? [is‿ðər ə pläiß tu heia beikß ə**raund** hiə]

Orts- und Sachregister

Aldabra 14, **15**, 17, 20, 66, 84, 90
Alphonse 13, 39, 40, **94**
Amiranten 13, 25, 35, **89ff.**
Andenken 100
Angeln 35f., 44, 92, 94
Anonyme 39, 53
Apotheken 96
Architektur 26
Aride 12, 20, **65ff.**, 74, 76, 91
Ärztliche Versorgung 96
Assumption 13
Astove 13
Auskünfte s. Information
Ausreise 96f.

Bevölkerung 20f.
Bildende Kunst 28f.
Bird Island (Île aux Vaches) 12, 17, 35, 39, 40, **90ff.**
Booby Island 76
Busse 41

Cerf 39, 51f.
Charterboote 15, 35f., 44
Chauve Souris (bei Praslin) 69
Coco de Mer s. Seychellennuss
Coëtivy 13
Conception 62
Cosmoledo 13
Cousin 20, 74, 91
Cousine 39, 75
Curieuse 12, 18, 19, 20, 32, **68f.**, 91

Denis 12, 32, 34, 35, 39, 40, 89, **92f.**
Desroches 13, 32, 33, 34, 35, 39, 89, **93f.**
Devisenbestimmungen 96
Diplomatische Vertretungen 96

Einreise 96f.
Elektrizität 97

Fähren 40f., 50, 64, 66, 70, 74, 82, 85, 89
Fahrrad 36f., 42, 77f., 93
Farquhar 13
Fauna s. Flora und Fauna
Feier- und Festtage 27, 29, 97
Félicité 39, 78
Fernsehen 100
Festival Kreol 27, 29
Flora und Fauna 14ff., 65f., 68f., 73f., 84, 85f., 90
Flughafengebühr 97
Flughunde 16f.
Fotografieren 67, 75, 97
Frégate 12, 16, 17, 32, 39, **83ff.**
- Anse Bambous 32, 84
- Anse Parc 84
- Anse Victorin 32, 83

Geld 97f.
Gesundheitsvorsorge 98
Gewürze 20, 22, 47, 54, 56, 83
Golf 36, 53, 75

Haustiere 98
Heiraten 9f.
Hubschrauberflüge 40, 50

Île aux Vaches s. Bird Island
Information 98f.

Kamtole Bands 26f.
Kannenpflanze 19f., 60, 85
Kleidung 37, 99
Klima 14
Kopra 13, 20, 80, 89, 94
Korallen 13, 17f., 31, 32, 33, 34, 89, 98
Krankenversicherung 99
Kreol (Sprache) 21, 29
Kriminalität 42, 99

La Digue 12, 32, 34, 36, 40, 42, **76ff.**
- Anse Cocos 32, 78, 82
- Anse Fourmis 77f.
- Anse Patates 78
- Anse Sévère 78
- Anse Source d'Argent 32, 77, 80
- Grand Anse 32, 82
- Mare Soupape 80
- Nid d'Aigles 76
- La Passe 77
- Petite Anse 32, 82
- La Réunion 79
- L'Union Estate 80f.
- Vev Special Reserve 79

Long Island 51, 100

Mahé 12, 20, 26, 28, 32, 34, 35, 36, 37, 39, 40, 41, 42, **43ff.**
- Anse Boileau 61
- Anse Étoile 60, 63
- Anse Forbans 56
- Anse Intendance 32
- Anse Major 45f., 60
- Anse à la Mouche 32, 36, 58
- Anse Nord d'Est 63
- Anse aux Pins 41
- Anse Royale 32, 54, 60
- Anse Soleil 32, 57
- Anse Takamaka 57
- Baie Lazare 29, 42, 57
- Baie Ternay 32, 62
- Beau Vallon Bay 28, 32, 34ff., 41f., 43f., 62f.
- Bel Ombre 41, 44f.
- Brulée 60
- Cascade 27, 52f.
- Copolia 60, 63
- Craft Village 26, 54
- Danzilles 45f., 60
- Flughafen 25f., 40ff., 52f.
- Glacis 60, 63
- Grand Anse 32, 61
- Jardin du Roi 54, 56
- Lenstiti Kreol 26
- Mission Lodge 63
- Mont Fleuri 28f., 50
- Morne Blanc 60, 61, 62, 63
- Morne Seychellois (Nationalpark) 20, 24, 60, 62
- Ökomuseum 26, 54
- Petite Anse 32, 57
- Petit Paris 52
- Port Glaud 61, 62
- Port Launay 41, 62
- Quatre Bornes 56
- La Réserve 60
- Sans Souci Road 62f.
- Teefabrik 62
- Trois Frères 60, 63
- Victoria s. dort

Maßeinheiten 99
Meeresschildkröten 65, 74, 91
Mietwagen 41ff.
Monsun 14, 31, 34
Moyenne 51
Musik 26f.

Naturschutz 20, 90f.
North 12, **89**
Notruf 99

Öffnungszeiten 99

Parasailing 36, 44
Plate 13
Politik 24
Post 99f.
Praslin 12, 19, 32, 34, 36, 40, 41, 42, **64ff.**
- Anse Boudin 41, 65, 68
- Anse Consolation 70
- Anse Georgette 32, 76
- Anse Kerlan 32, 65, 75f.
- Anse Lazio 32, 64f.
- Anse Possession 73

- Anse Volbert 32, 39, 64, 69, 73
- Baie Ste. Anne 42, 64, 69f., 74
- Côte d'Or s. Anse Volbert
- Flughafen 75
- Grand' Anse 37, 64, 73f.
- Mont Plaisir 41, 65, 75f.
- Praslin Ocean Farm 75
- Vallée de Mai 16, 20, 64f., 70ff., 73

Providence 13

Reiten 36
Riesenlandschildkröten 15, 68, 80, 84
Ronde (Round) 51f.
Rundfunk 100

Sainte Anne (Meeres-nationalpark) 20, 32, 50, **51f.**, 91
Schnorcheln 32f., 44, 57, 77, 89, 92
Schwimmen 31f., 57, 84
Segeln 34f.
Seychellennuss (Coco de Mer) 19, 25, 50, 64, 68, 71ff., 100f.
Silhouette 12, 32, 39, 40, **85ff.**
- Anse Mondon 85ff.
- Grand' Barbe 85, 87f.
- Mont Dauban 24, 87
- Mont Pot à Eau 85
- La Passe 85f.

Souvenirs 51, 52, 100
Sperrgebiete 100
Spielkasinos 39, 57
Sprache 21ff.
Strom s. Elektrizität
Surfen 44

Tankstellen 42
Tanz 26f.
Tauchen 14, 27, 33f., 44, 89, 92, 94
Taxi 41
Tee 23, 62f.
Telefon 100
Theater 28
Thérèse 62
Trinkgeld 101

Vanille 19, 78, 80
Victoria (Mahé) 26, 28, 35, **46ff.**
- Alter Friedhof 48
- Belvedere 52
- Bicentennial Monument 49
- Botanischer Garten 50, 52
- Cathédrale de l'Immaculée Conception 47
- Christy's Art Gallery 48
- Clock Tower 48
- Hafen 52
- Hindutempel 48
- Kapuzinerhaus 48
- Krankenhaus 52
- Markt 47
- Mont Fleuri 52
- National History Museum 49
- Natural History Museum 48f.
- Plaisance 52
- State House 48

Wandern 37, 60, 76
Wasserski 44
Windsurfen 34f.
Wirtschaft 23f.

Zeit 101
Zeitungen 101
Zimt 20, 22, 23, 48
Zollbestimmungen 101

Personenregister

Adams, Michael 28f., 58
Adelaide, Donald 29, 57

Beaver, Katy 37, 71
Bowers, Tom 28, 58

Chong-Seng, Lindsay 37, 71
Cruise-Wilkins, Reginald 45

Desroches, Gouverneur 89
Devoud, Gerard 29, 52, 57
Dufresne, Marion 25, 77

Ehlert, Dagmar 63

Filippin, Antonio 28, 46
Frichot, Gilbert 47

Gama, Vasco da 25
Grimshaw, Brendon 51

Houdoul, Jean François 48, 86

Levasseur, Olivier (»La Buse«) 45

Mancham, James R. 24f.

Picault, Lazare 25, 57, 58, 61, 64, 76
Poivre, Pierre 22, 49

Quinssy, Quéau de 25, 28, 50

René, France Albert 24f.

Savy, Guy 90
Séchelles, Moreau de 25
Sharpeigh, Alexander 25
Silhouette, Étienne de 86

Wegener, Alfred 12
Wester, Dag 63

Zeichenerklärung

Unsere Preissymbole bedeuten:

Hotel (pro Zimmer):

❍❍❍	über 200 €
❍❍	100 bis 200 €
❍	bis 100 €

Restaurant (Hauptgericht):

❍❍❍	über 30 €
❍❍	15 bis 30 €
❍	bis 15 €

Polyglott im Internet: www.polyglott.de,
im Travel Channel unter www.travelchannel.de

Alle Informationen stammen aus zuverlässigen Quellen und wurden sorgfältig geprüft. Für ihre Vollständigkeit und Richtigkeit können wir jedoch keine Haftung übernehmen.

Ergänzende Anregungen bitten wir zu richten an:
Polyglott Verlag, Redaktion, Postfach 40 11 20, 80711 München.
E-Mail: redaktion@polyglott.de

Impressum

Herausgeber: Polyglott-Redaktion
Autoren: Martin und Lore Guderjahn
Special: Dr. Thomas Kinne
Laufende Bearbeitung: Dr. Thomas Kinne
Lektorat: Dorothee Kern
Layout: Ute Weber, Geretsried
Karten und Pläne: Thomas Willmann
Titeldesign-Konzept: Independent Medien-Design
Satz: Tim Schulz, Dagebüll
Satz Special: Carmen Marchwinski, München

Komplett aktualisierte Auflage 2004/2005

Printed in Germany
Dieses Buch wurde auf chlorfrei gebleichtem Papier gedruckt.

Das unverwechselbare Polyglott-Sternchensystem

***** eine eigene Reise wert** **** einen Umweg wert** *** sehr sehenswert**

Insel Praslin
*** Vallée de Mai (S. 70ff.)
** Anse Lazio (S. 64)
* Anse Volbert (S. 69)
* Anse Georgette (S. 75)

Insel Mahé
** Markt in Victoria (S. 47)
** Sans Souci Road (S. 62f.)
* Beau Vallon Bay (S. 43f.)
* Kunsthandwerkerdorf (S. 54)
* Jardin du Roi (S. 54f.)
* Grand Anse (S. 61f.)

Insel **La Digue (S. 76ff.)
** Anse Source d'Argent (S. 80)

Insel **Aride (S. 65ff.)

Insel **Curieuse (S. 68f.)

Insel **Cousin (S. 74)

****Bird Island** (S. 90ff.)

Insel *Frégate (S. 83ff.)
* Anse Victorin (S. 83)

Insel *Silhouette (S. 85ff.)
* Pflanzerhaus (S. 86)

Die Seychellen im Internet

www.seychelles.com
(umfangreiche Informationen des Tourist Office)
www.airseychelles.de (Fluginfos, gute Inselbeschreibungen)
www.seychellen-infos.de
(allgemeine Infos, Reiseerfahrungen)
www.virtualseychelles.com
(Offizielle Regierungswebsite, auch touristische Infos)

Die Autoren

Martin und Lore Guderjahn

sind seit vielen Jahren als freie Journalisten und Fotografen für eine Reihe von Tageszeitungen und Zeitschriften tätig sowie als Verfasser von Reiseführern über Inseln im Indischen Ozean.

Dr. Thomas Kinne

kennt die Seychellen von zahlreichen Aufenthalten und beschäftigt sich auch beruflich intensiv mit den Tropeninseln. Für diesen Band schrieb er das Special (S. 6–11).